책 100권 읽고 성공한

직업군인 주식 투자 이야기

황상우 지음

직업군인 주식 투자 이야기
(책 100권 읽고 성공한)

초판 발행 : 2025년 10월 1일 초판 1쇄
지은이 : 황상우
교정교열 : 최준호
프로필 사진 : 이세계 스냅 의뢰소
펴낸 곳 : (주) 드림벙커
주소 : 인천광역시 서구 청라에메랄드로 102번길 8-22
홈페이지 : www.dreambunker.com
이메일 : dreambunker9@gmail.com
등록일자 : 2025년 01월 24일
등록번호 : 제356-2025-000005호
ISBN : 979-11-991611-4-6 (03320)

이 책은 저작권법에 따라 보호를 받는 저작물이므로 무단 전재와 무단 복제를 금지하며, 이 책의 전부 또는 일부를 이용하려면 반드시 저작권자와 (주) 드림벙커의 동의를 받아야 합니다.

책 100권 읽고 성공한

직업군인 주식 투자 이야기

황상우 지음

들어가며

내가 부자가 되기로 결심한 이유

"군인이 군인 공제랑 군인연금만 있으면 되지,
뭘 또 투자 공부까지 해?"

이 말은 2012년 임관 이후부터 결혼 전까지, 꽤 오랫동안 내가 갖고 있던 생각이다. 주변을 둘러봐도 마찬가지였다. 함께 일하는 동료 대부분이 비슷한 생각을 갖고 있었으니 그렇게 사는 것이 정답인 줄 알았다. 미래의 경제적 안정은 군인 공제와 군인연금이 책임져 줄 것이라 굳게 믿었다.

나의 견고했던 믿음은 조금씩 금이 갔다. 내가 소위로 임관하던 해에 5~6억 원이면 충분했던 서울의 아파트 가격은 시간이 지나며 하늘 높은 줄 모르고 치솟았고, 내 급여의 가치는 물가상승률 앞에서 매년 줄어들고 있었다. 결정적으로, '결혼'과 '가족'이라는 인생의 가장 큰 변곡점이 돈에 대한 나의 인식을 송두리째 바꿔놓았다. 사랑하는 아내와 아이에게 든든한 울타리가 되어주고 싶다는 절박함, 아이들이 하고 싶은 것을 돈 때문에 포기하게 만들고 싶지 않다는 간절함이 나를 책상 앞으로 이끌었다. 가족을 위해, 난생처음으로 '돈 공부'를 시작했다.

100권이 넘는 투자 서적을 읽으며, 내가 가장 먼저 깨달은 것은 내가 세상을 바라보던 창(窓)이 잘못되었다는 사실이었다. 그 창은 바로 내가 매일 아침저녁으로 접하던 뉴스였다. 나는 매일 아침 경제 신문을 읽고, TV로 경제 방송을 들었지만, 그것은 나에게 부자가 되는 길을 알려주지 않았다. 오히려 나를 더 불안하고 조급하게 만들 뿐이었다.

언론사의 최우선 목표는 정확한 예측이 아니라 '주목'과 '클릭'이다. 그들은 '10년 뒤 시장은 완만하게 우상향할 것'이라는 밋밋한 진실보다, '내일 당장 폭락 온다!'는 자극적인 공포를 팔아 돈을 번다. 시장이 조금만 하락하면 온갖 위기론을 퍼뜨리며 우리의 공포심을 자극하고, 시장이 조금만 오르면 탐욕을 부추기며 '지금이라도 올라타야 한다'고 속삭인다.

투자에서 성공하기 위해서는, 때로는 '우직한 당나귀'처럼 귀를 닫을 줄 알아야 한다는 것을 깨달았다. 정보의 홍수 속에서 나를 현혹하는 '소음'을 걸러내고, 진짜 '신호'에만 집중해야 했다. 내가 믿어야 할 '신호'는 명확했다. 그것은 200년간 증명된 미국 증시 우상향의 역사였고, 투자의 대가들이 수십 년의 경험을 통해 남긴 지혜였다.

이 깨달음을 얻고 나의 군인 공제회 계좌를 다시 들여다보았을 때, 10년간 9천만 원을 부어 이자까지 1억 원이 된 통장은 더 이상 뿌듯함이 아니었다. 10년간 겨우 10%의 수익률이라는 초라한 성적표는, 매년 1% 남짓한 수익만을 올렸다는 뜻이었다. 이는 소음에 귀 기울이며 진짜 기회를 놓쳐버린 '잃어버린 10년'에 대한 뼈아픈 증거였다.

나는 그 길로 기존의 방식을 버렸다. 소음 대신 신호를 따르며, 올바른 원칙으로 투자를 시작하자 놀라운 일이 벌어졌다. 1억을 모으는 데 10년이 걸렸지만, 올바른 투자 자세를 갖춘 후, 4년 만에 그 1억이 5억이 되는 놀라운 경험을 했다.

이 책은 바로 그 깨달음의 여정을 담은 기록이다. 저축밖에 모르던 평범한 군인이던 내가, 어떻게 세상의 소음으로부터 귀를 닫고 투자의 본질에 집중하게 되었는지를 이야기하고 싶었다. 내가 아직 큰 투자 성과를 이룬 전문가는 아니지만, 내가 가는 길이 '틀린 길이 아니라는' 확신을 독자들과 나누고 싶었다. 그래서 '초보가 왕초보에게' 경험담을 전달한다는 마음으로 이 책을 썼다.

이 책을 통해, 군인이라는 직업이 안정적인 현금 흐름과 주거비 절감 등의 혜택 덕분에 장기 투자에 얼마나 유리한지, 그리고 수많은 투자처 중, 왜 미국 주식이 우리 같은 평범한 사람들에게 가장 확실한 부의 사다리가 될 수 있는지를 알리고 싶다.

많은 군인들이 '투자는 위험하다'는 막연한 두려움에 사로잡혀 있다. 하지만 진정으로 위험한 것은, 위험을 감수하지 않으려는 태도다. 올바른 원칙과 자세로 장기적인 안목을 갖고 투자에 임한다면, 투자는 전혀 위험하지 않다. 오히려 본업에 충실하면서도 가장 확실하게 미래를 준비하는 길이 될 수 있다.

이 책이 저축만 하는 동료들에게는 투자에 입문하는 첫걸음이 되고, 잘못된 투자로 고통받는 동료들에게는 올바른 투자 원칙을 세우는 계기가 되기를 희망한다. 나의 작은 시행착오의 기록이, 누군가에게는 더 큰 성공으로 가는 지름길이 될 것이라 믿는다.

차례

들어가며

1장. 자본주의에서 군인으로 살아가기

- 14   군인 공제와 연금에만 노후를 맡기지 말자
- 20   경제적 자유를 위해 얼마나 필요할까?
- 35   녹아 없어지는 현금
- 40   돈을 제대로 쓰자
- 47   군인을 위한 투자 전략

2장. 7가지 투자 원칙

- 54   원칙 1. 원시인의 본능을 버려라
- 61   원칙 2. 명확한 부의 기준을 세워라
- 65   원칙 3. 절약하는 삶을 살아라
- 72   원칙 4. 일확천금은 없다
- 87   원칙 5. 책을 읽어라
- 92   원칙 6. 개인 투자자의 강점을 이용하라
- 96   원칙 7. 돈 그릇을 키워라

3장. 마음 편한 투자를 위한 필수 지식

- 104   이게 되네?! 투자시작 첫 해 31%의 수익률
- 111   실전 투자 준비하기
- 119   하락장은 최고의 기회다
- 138   이것만큼은 하지 마라. 절대! 절대로!
- 148   안정적인 전역 후를 위한 자산운용 전략
- 154   미국 주식 절세 방안

4장. 더 나누고 싶은 생각들

- 176   투자에 대한 여러 생각들

에필로그

1장. 자본주의에서 군인으로 살아가기

군인 공제와 연금에만 노후를 맡기지 말자

"나 정도면 괜찮게 하고 있는 거지."

10년 가까이 군인 공제에 최대 납부액을 매월 붓고, 남는 급여로 군 장병 대상 적금까지 드는 나름의 '재테크'를 하며 나는 그렇게 생각했다.

일반 친구들은 언제나 사관학교 출신의 공군 조종사인 나를 부러워했다. 꾸준한 급여에 믿음직한 연금이 따라오는 안정적인 직업. 무엇보다 나는 군 생활이 적성에 잘 맞았다. 어릴 적부터 꿈이었던 공군사관학교에 입학하여 소중한 동기들과 선, 후배를 알게 되었다. 수송기와 헬기에서 동기들과 강하하던 순간, 가슴 벅찼던 첫 단독 비행의 기억, 뜨거웠던 전투 비행대대에서의 나날들... 동료들과 함께 땀 흘리고, 고뇌하며 보낸 그 시간은 내 인생에서 가장 빛나는 순간들이었다.

공군 장교를 직업으로 선택했을 때, 돈은 고민거리가 아니었다. 국가를 위해 일하며 살아간다는 사실 자체가 자랑스러웠고, 미래의 경제적 안정은 군인 공제와 연금이 책임질 거라 믿었다.

그 믿음은 꽤 오랫동안 흔들리지 않았다. 군인 공제회 계좌에 돈이 쌓이는 것을 보며 '이 정도면 잘하고 있는 거지' 하며 나 자신을 칭찬했다. 그런데 어느 순간 서울 아파트값은 내가 임관했을 때보다 2배, 3배로 올라 9~10억이 넘어 있었다. 그 사실을 깨달았을 땐 이미 한참 늦어 있었다. 결혼을 하고 아이가 생기자, 생각이 바뀌기 시작했다.

'지금 방식으로, 가족의 미래를 지킬 수 있을까?'

| 믿음이 흔들리기 시작하다

언제부터인가 인트라넷 경조사 게시판을 볼 때마다 드는 생각이 있다.

"결혼 소식보다 부고 소식이 훨씬 많네."

우리 사회가 늙어가고 있다는 걸, 군 안에서도 체감할 수 있었다.

초급장교 시절, 나는 '군인 공제와 군인연금이면 충분하다'고 생각했다. 공제회와 퇴직금으로 집을 마련하고, 군인연금으로 노후를 살아가는 시나리오. 하지만 세상은 내가 기대한 방식대로 움직이지 않았다.

출산율은 계속 떨어지고, 청년 인구는 빠르게 줄어들고 있다. 연금이란 결국, 일하는 세대가 은퇴한 세대를 부양하는 구조다. 청년층이 점점 줄어들고 있는데, 지금의 군인연금 시스템이 똑같이 유지될 수 없을 것이다. 결국 연금 수령액이나, 수령 시기를 조절하게 될 것이다.

그래서 생각했다.

'군인연금 없이도 살 수 있는 방법을 찾아야겠다.'

| 돈 공부의 시작, 그리고 투자로의 전환

가족의 미래를 지키기 위해 돈에 관해 공부해야 했다. 책과는 담쌓고 살던 내가, 필립 피셔, 피터 린치, 워런 버핏 등 100권이 넘는 투자서를 읽으며 분명한 결론을 낼 수 있었다.

부자가 되려면, 결국 사업을 하거나 투자를 해야 한다. 그러나 무턱대고 당장 전역해서 사업을 시작할 수는 없는 노릇이었기에 사업보다는 투자가 현실적인 선택이었다. 수많은 투자 대상 중, 내가 선택한 투자처는 미국 주식이었다.

2020년, 결혼을 앞두고 소액으로 투자를 해보며 미국 주식에 대한 확신이 들었다. 2020년 9월부터 2021년 말까지, 약 1년 3개월간 직접 미국 주식에 투자한 결과 나의 계좌에는 31%라는 수익률이 찍혀 있었다. 저축과 적금만으로는 절대 상상할 수 없었던 결과였다. 투자가 정답이라는 사실을, 나는 온몸으로 직접 경험하고 깨우치게 되었다.

10년 가까이 모아둔 군인 공제를 본격적으로 미국 주식에 투자하기 위해 해지했다. 군인 공제의 총납부액은 약 9천만 원. 이자까지 합쳐 1억 원 정도였다. 이자를 보고 처음엔 천만 원을 공짜로 얻은 것 같아 기분이 좋았다. 하지만 공부를 통해 경제적 안목이 트인 후 다시 보니, 그 생각은 완전히 바뀌었다. 10년간 얻은 이익이 고작 10%라니. 투자 공부를 하기 전에는 몰랐던, 하지만 이제는 뼈저리게 느껴지는 초라한 성적표였다. '그 돈을 만약 10년 전 미국 ETF에 넣어두었더라면…' 하는 아쉬움이 밀려왔다.

| 군인 공제의 한계

군인 공제는 목돈을 만들기에 괜찮은 수단이다. 시중 은행보다 이율도 높고, 회원을 위한 출산 축하금이나 숙소 할인 같은 복지혜택도 있다. 하지만, '자산을 불리는 도구'로는 부족하다. 특히 요즘 같은 시대엔 소액으로도 주식 투자가 가능하다. 굳이 군인 공제를 통해 오랜 시간 목돈을 묶어둘 필요가 없다. 그래서 나는 군인 공제회 복지 혜택을 유지하기 위한 최소 납부 금액인 월 5만 원을 제외한 모든 자금은 전부 투자로 돌렸다.

이제 나는 안다. '믿는 구석'이라 여겼던 군인 공제와 연금이 나의 노후와 가족의 미래를 전부 책임져주지 않는다는 사실을. 내가 가족을 위해 해야 할 일은, 스스로 자산을 불릴 수 있는 능력을 키우는 것이었다. 그리고 그 출발점은,

'나는 지금 괜찮게 살고 있는 게 아닐 수도 있다'는 깨달음에서 시작되었다.

경제적 자유를 위해 얼마나 필요할까?

| 군인의 생애주기와 돈

　나는 공군 장교로서 10년이 넘는 시간을 복무했다. 군 생활을 하며 지켜보니 대부분의 장교는 중위에서 대위 무렵 자차 구입과 결혼을 통해 첫 목돈 지출을 경험한다. 중참~고참 대위가 될 쯤 출산을 통해 육아에 많은 돈을 쓰고, 통상적으로 중령 진급 후 자녀들이 중·고등학교에 진학하며 교육비가 정점에 달한다. 전역을 앞두고는 자녀의 대학 등록금이라는 큰 산이 기다리고 있고, 이후 자녀의 결혼 시기와 본인의 건강 상태에 따라 은퇴 후 삶의 양상이 달라진다.

　개인마다 삶의 궤적은 다르지만, 결혼하고 아이를 낳고 노후를 준비하는 일련의 과정에서 필요한 돈은 대체로 비슷하다.

그러다 보니 "도대체 인생을 잘 살기 위해서는 얼마가 필요할까?"라는 질문은 단순한 호기심이 아니라 생존 전략에 가깝다.

인생은 현금흐름만으로는 버틸 수 없고, 분명히 '목돈'이 필요한 시점이 존재한다. 이 때문에 군인 재무관리의 핵심은 단순한 '절약'이 아니라, 언제 돈이 필요한지를 미리 알고 준비하는 것이다.

| 생애 예상 수익 계산하기

군 생활을 30년 한다면 전역할 때 군인 공제 퇴직금이 얼마나 될지 궁금해 계산해 본 적이 있다.

초급장교 시절 군인 공제회에 월 최대 납부액인 75만 원을 꾸준히 넣고 있었는데, 30년간 모은다면 원금만 해도 2억 7천만 원이었다. 여기에 복리 이자까지 더하면 5억은 가뿐히 넘겠다는 계산이 나왔다. 당시 서울 국민평형 집값이 5~6억 정도였으니, 이 정도면 전역할 때 집 사는 데 문제는 없겠다 싶어 걱정 없이 살았다.

하지만 결혼을 하며 깨달았다. 집값은 내가 전역할 때까지 기다려주지 않는다는 것과, 전역할 때 집 하나 있다고 게임 끝이 아니라는 것을.

가정을 꾸리니 사랑하는 내 가족이 부족함 없이 살게 하고 싶었다. 아이들이 배우고 싶어 하는 것은 무엇이든 지원해 주고 싶었고, 좋은 지역에서 안전하고 행복하게 살아가길 바랐다. 이 모든 것을 위해 필요한 것은 '돈'이었다.

앞으로 예상되는 큰 지출에 대비하기 위해 미래의 예상 수입과 은퇴 시점의 자산규모를 미리 계산해 보기로 했다. 연간 단위의 생애 소득을 정리하니 자금 흐름이 한눈에 들어왔고, 계획 대비 돈이 얼마나 모이고 있는지도 쉽게 점검할 수 있었다.

연간 목표 투자 금액을 설정하고, 이를 달성하기 위해 월별 지출 계획을 세웠다. 출산이나 아내의 휴직 등의 변수를 고려하여 연간 목표 투자 금액은 유연하게 설정했다. 하지만 단 하나의 원칙만은 엄격히 준수했다. 급여가 들어오면 곧바로 일정 금액을 투자 계좌로 옮기고, 남는 돈을 생활비로 쓰는 것. 월수입의 최소 50%는 반드시 저축과 투자에 사용했다.

매월 400만 원을 투자하며 연간 투자수익률을 10%로 가정했을 때, 내가 전역하는 2042년에 약 44억 원을 갖고 은퇴할 수 있다. 이렇게 직접 계산해보니 나의 은퇴 시점과 매년 달성해야 하는 목표 수익률이 눈앞에 선명히 그려졌다. 이 목표를 세운 2022년 이후, 2025년 현재까지 목표 수익률 10%를 초과하는 성과를 기록하며 계획 이상의 결과를 내고 있다.

| 피 같은 내 돈을 불려 줄 최적의 수단

결혼을 하며 많은 돈의 필요성을 느꼈고 어떻게 해야 큰돈을 모을 수 있을지 고민했다. 공부를 해보니 큰돈을 벌기 위해서는 '사업'을 하거나 '투자'를 해야 한다는 결론에 이르렀다. 당장 군복을 벗고 사업을 할 수는 없는 노릇이니 내가 시작할 수 있는 것은 투자였다. 투자를 공부해 보니 돈을 불리는 방법에는 예/적금(군인 공제회), 보험, 부동산, 주식 등이 있었다.

1. 예/적금(군인 공제회) : 투자가 아닌 줄 알았던 투자

나는 오랫동안 예·적금은 투자가 아니라고 생각했다. 어떤 상황에서도 원금이 보장되기 때문이었다. 저축밖에 모르던 시절의 나는 '투자'란 손실의 가능성을 감수해야 하는, 위험한 무언가라고 여겼다.

하지만 사전에서 '투자'를 찾아보니 다음과 같은 정의가 나왔다.

투자 投資
[명사] 이익을 얻기 위하여 어떤 일이나 사업에 자본을 대거나 시간이나 정성을 쏟음.

이익을 얻기 위해 시간과 정성을 쏟으면 투자였다. 예·적금도 안정적으로 이자를 얻기 위해 내 돈을 맡기고 장기간 기다리는 것이니 투자에 속했다.

원금을 손해 보지 않는 예·적금의 안정성은 좋았다. 하지만 문제는 이자율이었다. 지난 10여 년간 시중은행의 예·적금 이자율은 대부분 1~2%에 머물렀다. 반면 우리나라의 연평균 물가상승률은 2~3% 내외다. 결국 예·적금의 이자율은 물가상승률을 간신히 따라가거나 그보다 낮다는 의미다. 물가가 상승하면 돈의 실질 가치가 줄어든다. 일반적으로 물가가 연간 3%씩 오를 경우, 20년이 지나면 돈의 가치는 절반으로 줄어든다. 2025년의 1만 원은 2045년이 되면 겨우 5천 원어치의 구매력만 가진다는 말이다. 저축만 믿다가는 나의 돈이 서서히 녹아내리게 된다.

임관 당시 나는 군인 공제회에 납부 가능한 최대 금액을 넣기로 결심했다. 내가 임관할 때만 해도 군인 공제회는 연 5%대의 복리이자를 제공하고 있었기에, 시간이 흐르면 금세 큰돈이 될 거라는 기대감이 있었다. 급여에서 자동으로 원천징수 되기에 돈을 만져 볼 수도 없어 절약의 효과도 있었다. 주변의 많은 군인들도 군인 공제회에 최대한도로 납부하고 있었다. 그들이 보여주는 모습이 내게는 곧 '정답'처럼 느껴졌다. 대부분의 동료 군인들이 걷는 길에서 홀로 소외되기 싫었다.

군인 공제회에서 공제된 후 내가 손에 쥐는 급여는 자유롭게 소비했다. 그러다 대위로 진급하면서 급여가 오르자, 군인 공제회에 더 넣을 수 없는 돈은 시중 은행의 '군인 대상 적금'에 추가로 예치했다. 그때까지만 해도 나는 '정말 잘하고 있다'는 뿌듯함에 가득 차 있었다.

하지만 시간이 흐르며 균열이 보이기 시작했다. 군인 공제회의 최대 납부 한도는 75만 원에서 100만 원, 다시 150만 원으로 오르더니, 2025년에는 무려 300만 원까지 확대되었다. 한도 인상은 겉보기에는 긍정적으로 보일 수 있지만, 그 이면에는 군인 공제회의 자금 사정 악화와 복리 수익률 하락이라는 그림자가 있었다. 군인 공제회의 복리이율은 2015년 5.4%에서 4.0%로 하락했다.(2025년 기준 4.9%까지 회복하긴 했다)

이율은 예전 같지 않았고, '공제회가 나를 부자로 만들어줄 것'이라는 믿음은 점점 흔들렸다. 아무리 생각해도, 이 수익률로 노후를 준비하기엔 역부족이었다. 결국 나는 임관 9년 차에 전 구좌를 해지하기로 결심했다. 소위 때부터 성실히 납부해온 원금 약 9천만 원과 이자 1천만 원을 합쳐, 총 1억 원을 수령했다.

지금도 종종 생각한다. '이 돈을 공제회가 아닌 다른 자산에 일찍 투자했더라면 어땠을까.' 수익률만 놓고 보면 비교도 되지 않을 기회비용을 치른 셈이다.

2. 보험 : 높은 확률로 돌아오지 않는 돈

임관 후 처음으로 급여를 받기 시작하면서, 어머니께서 대신 내주던 보험료를 내가 직접 내기로 했다. 어떤 보험인지 어머니께 여쭤보니, 친척 어른을 통해 가입한 저축성 보험이라고 하셨다. 원금도 보장되고, 보험 혜택도 받을 수 있는 '좋은 상품'이라고 말씀하셨다.

나는 그 말을 믿고, 별다른 확인 없이 매달 보험료를 납부했다. 보험증권도 직접 확인하지 않았다. 그렇게 무려 9년을 더 납부했다.

결혼 후 투자금 확보를 위해 가계 지출을 정리하던 중, 보험료가 생각보다 많이 나간다는 사실을 인지했다. 그제야 처음으로 내가 가입한 보험 상품에 관해 제대로 알아보기 시작했다. 공부해 보니 내가 들었던 보험은 '변액 유니버설 종신보험'이었다. 간단히 설명하자면,

- 변액은 납부한 보험료 일부가 펀드에 투자되어 수익률에 따라 적립금이 변동되는 구조고,
- 유니버설은 보험료 납부 방식이 유연하며,
- 종신보험은 사망 시 보험금이 지급되는 보장성 상품이다.

즉, 원금이 보장되는 저축성 보험이 아니라, 투자 성과에 따라 적립금이 달라지고 사망을 전제로 보험금이 지급되는, 매우 복잡한 고비용의 상품이었다.

나는 매달 30만 원 가까운 보험료를 무려 9년 넘게 냈다. 소위, 중위 시절의 지출 중 큰 비중을 차지했지만, '미래를 준비하는 길'이라 믿고 인내하며 납부했다. 하지만 보험에 관해 공부할수록 내가 기대한 내용과는 달랐다. 가장 크게 와 닿았던 것은 돈의 현재 가치와 미래 가치의 차이였다.

보험금은 가입 당시 약관에 따라 수십 년 후에 지급된다. 내가 죽으면 1억의 사망보험금이 나온다고 해도, 그것은 오늘 가치의 1억이 아니다. 사망보험금뿐 아니라 상해 보장금 등 수십 년 후 받을 수도, 못 받을 수도 있는 불확실한 돈을 위해 지금 당장 손에 쥔 피 같은 돈을 써야 한다는 것이 과연 합리적인지 의문이 들었다.

오늘 내 손에 쥔 10만 원은 50년 후 받을 수 있을지 없을지 모를 1억보다 더 확실하고 소중하다.

그렇게 나는 모든 보험을 정리하기로 했다.

보험을 해지하며 돌아보니, 납부기간이 무려 12년이었다. 2009년부터 2021년까지 납부한 금액은 3,500만 원에 달했지만, 해지 환급금은 겨우 2,800만 원이었다. 수백만 원을 손해 봤지만, 나는 후회하지 않았다. 오히려 그 돈을 2022년 미국 주식에 투자하면서 새로운 시작을 했다.

지금은 군인 단체보험 하나만 유지하고 있다. 군인 단체보험 덕분에 보험료가 절약되어, 이제는 우리 가족 네 명의 보험료를 모두 합쳐도 월 10만 원밖에 안 한다. 단체보험의 보장 내용만으로도 내게는 충분했다. 두 분의 할머니 모두 90세 넘게 장수하셨고, 친척 어른들을 둘러봤을 때 특별한 가족력도 없었다.

그래서 나는 보험료를 낼 돈으로 차라리 건강한 생활 습관에 투자하기로 마음먹었다. 5년 넘게 술을 입에 대지 않았고, 담배는 한 번도 피워본 적 없다. 식습관도 개선하고, 꾸준히 운동하며 몸을 관리하고 있다. 건강을 위해 보험을 드는 것이 아니라, 건강을 지키기 위해 나를 바꾼 셈이다. 이제는 보험료를 낼 돈으로, 우리 가족을 위한 비상 의료자금 1억 원을 보유할 계획이다. 이 돈을 월 배당 미국 주식에 투자해 두면 매달 최소 30만 원의 배당금이 들어온다. 보험료를 낼 필요 없이, 오히려 매달 돈을 받으며 위기 상황에 대비하는 전략이다.

보험은 '무조건 들어야 하는 것'이 아니라, 개인의 건강 상태와 가족력, 재정 상황을 고려해 정밀하게 설계해야 하는 리스크 관리 도구다.

누군가에게 보험은 꼭 필요할 수 있다. 하지만 내게는 아니었다. 예·적금과 보험. 나는 이 두 가지 수단으로는 가족의 미래를 바꿀 만큼의 성과를 만들 수 없다는 결론에 도달했다. 내 돈의 가치를 지키기 위해, 진짜 투자처를 찾아야 했다.

3. 부동산 : 모두가 택하는 길, 그래서 매력적이지 않았다

부동산은 많은 사람들이 가장 안전하고 확실한 자산이라고 말한다. 실제로 누구에게나 꼭 필요한 필수재이고, 가격도 장기적으로 꾸준히 우상향해 왔다. 그렇기에 대부분의 사람이 첫 목돈을 모으면 자연스럽게 부동산 투자를 떠올린다.

하지만 나는 부동산 투자에 큰 매력을 느끼지 못했다.

아파트를 사게 된다면, 내 성향상 '적당한 수준'에 만족하지 못할 것이 뻔했다. 눈에 차지 않는 아파트를 사느니 차라리 사지 않겠다는 고집이 있었고, 결국엔 최대한 대출을 끌어모아 내가 살 수 있는 가장 좋은 집에 투자할 것이 분명했다. 그건 내 돈과 시간, 관심, 스트레스까지 모두 부동산이라는 단일 자산에 올인하는 선택이었다. 나의 모든 노력이 부동산 하나로 결론 나는 것은 싫었다. 여기에 더해 어디선가 읽은 한 문장 또한 내 마음을 흔들어놓았다.

> "부동산 부자는 삶의 질이 크게 오르지 않지만,
> 주식 부자는 그렇지 않다."

나의 최종 목표는 자산 증식이 아니라 가족과의 행복한 삶이다. 집 한 채를 위해 맛있는 것도 못 먹고, 아이의 경험을 줄이는 팍팍한 삶은 내가 원하는 그림이 아니었다.

부동산은 쉽게 현금화할 수 없다. 급하게 돈이 필요할 때 바로 팔 수도 없고, 팔더라도 세금, 중개 수수료, 잔금 일정 등 넘어야 할 산이 많다.

게다가 세입자 관리라는 추가적인 부담까지 있다. 나는 기업과 기술의 발전에 관해 분석하는 것은 좋아하지만, 누군가의 전입·퇴실 일정과 수도 고장, 보일러 관리 문제로 골머리를 썩이기는 싫다.

물론, 부동산은 장기적으로 안정적인 수익을 안겨주는 훌륭한 자산이다. 하지만 나의 성향, 인생 방향성과는 맞지 않았다.

나는 우리나라 사람들의 자산 80%가 부동산에 묶여 있다는 뉴스를 보고 그중의 하나가 되기 싫었다. 나는 대중과는 반대의 길을 걷는 소수가 되기로 마음먹었다. 다만, 훗날 보유한 금융자산이 일정규모 이상이 되면 레버리지(은행대출)를 활용하기 위해 무리가 가지 않는 선에서 적절한 규모의 부동산을 하나만 매입할 생각이다.

4. 주식 : 내 성향에 맞는 자산을 찾다

결국, 나를 매료시킨 것은 주식이었다.

2016년, 투자에 전혀 관심 없던 시절, 근무 중 잠시 들른 휴게실에서 충격적인 장면을 목격했다. TV에서는 구글 딥마인드의 알파고와 이세돌 9단의 바둑 대결이 생중계되고 있었고, 인류 최고라 불리던 이세돌은 결국 알파고에 패배했다.

그 당시만 해도 바둑과 같은 무한에 가까운 '경우의 수'의 영역에서는 AI가 절대 인간을 이길 수 없다는 것이 통념이었다. 하지만 그 상식이 무너지는 순간을 생생하게 목격했다. 그 장면은 내게 미래의 도래를 강렬하게 각인시켰다. AI는 더 이상 책 속 개념이 아니었다. 가까운 시일 내에, 어쩌면 이미 세상을 바꾸고 있는지도 모른다는 생각이 들었다. 그리고 나는 마음속으로 결심했다.

"AI에 투자해야겠다."

이후 다양한 투자처를 탐색했지만, 결국 나의 상황과 성향에 가장 잘 맞으면서, AI에 투자할 수 있는 곳은 주식시장이라는 결론에 도달했다.

성공적인 주식 투자를 위해서는 시간이 필요하다. 나는 장기 복무 군인이다. 즉, 장기적인 관점에서 투자할 수 있는 환경에 놓여 있다. 여기에 더해, 나의 기질은 주식 투자와 잘 맞았다. 여기서 말하는 기질이란 단순한 성격이 아니라 심리적 강인함을 뜻한다. 시장 상황이 좋지 않을 때도 견디는 인내심, 한번 내린 판단을 흔들림 없이 밀고 나가는 자신감, 손실을 감내할 수 있는 내성, 모두가 공포에 휩싸인 상황에서 냉정을 유지할 수 있는 능력 말이다. 이런 자질은 군인이 갖추어야 할 핵심 역량이기도 하다. 그래서 나는 군인들이 성공적인 투자자가 될 가능성도 높다고 생각한다.

실제로 나는 고집이 세다는 이야기를 종종 듣는다. 스스로 내린 판단에 확신이 서면, 주변의 조언보다 내 결정을 따르는 편이다. 내가 매수한 주식이 일시적으로 급락하더라도 언젠가는 반등할 것이란 확신이 있기에 불안해하지 않는다. AI가 만들어낼 거대한 변화의 물결이 나의 은퇴 전에 찾아올 것이라는 믿음이 있기 때문이다. 그래서 하락장도 고통스러운 시간이 아니라, 오히려 기회를 준비하는 시간이라 여긴다.

결론적으로, 나는 타인의 권유에 의해서가 아닌, 나 자신의 성향에 꼭 맞는 투자처를 스스로 찾았다. 그래서 더 흔들리지 않는다.

스스로 선택한 투자처이기에 주식시장에 어떤 위기가 찾아와도 나는 확신을 갖고 느긋하게 기다릴 수 있다. 시장이 다시 반등할 때까지.

녹아 없어지는 현금

내가 태어나던 해인 1988년의 자장면 한 그릇 가격은 약 천 원이었다. 당시에는 천 원으로 시내버스를 두세 번 타거나, 동네 슈퍼마켓에서 과자를 몇 봉지 살 수도 있었다.

하지만 37년이 지난 2025년 현재, 자장면 가격은 8천 원을 훌쩍 넘었고(간짜장 기준이다!), 천 원으로는 시내버스는 커녕 마을버스조차 탈 수 없는 시대가 되었다. 왜 물가는 끝없이 오르고, 한 번 오른 물가는 좀처럼 내려오지 않는 것일까. 그 비밀은 바로 자본주의의 특성인 인플레이션에 숨겨져 있다. 이번 장에서는 왜 우리가 현금을 쌓아두기만 하면 안 되는지, 왜 하루라도 빨리 투자를 시작해야 하는지 알아본다.

| 현금은 아이스크림과 같다

갓 임관했던 2012년, 서울의 국민평형 아파트(30평) 가격은 5억에서 6억 원 사이였다. 당시의 나는 30년 군 생활 성실히 하고 군인 공제 꾸준히 넣으면 은퇴할 때쯤 저 정도 돈은 충분히 모을 수 있겠다고 생각했다. '전역 후 고향인 서울에 집 한 채만 있으면 충분하겠지' 하는 생각에 군인 공제만 믿고, 남는 돈은 펑펑 썼다. 하지만 임관 10주년을 맞이하기도 전에 서울 아파트값은 거의 2배가 뛰었다. 군인 공제회로 30년간 10억을 모으기는 불가능했다. 30년 동안 내 급여만 오르고 아파트값은 그대로 있을 것이라 계산하다니 정말 이기적이고 멍청한 계산이었다.

아파트 가격이 오른 것처럼 세상 모든 물건의 가격이 오르면 내가 쥐고 있는 현금의 가치는 상대적으로 줄어든다. 2010년에는 5억으로 서울에 국민 평형 아파트를 살 수 있었지만, 2020년 같은 돈으로 비슷한 아파트를 사기 위해서는 경기도 외곽까지 나가야 한다.

현금은 아이스크림과 같다. 손에 쥐고만 있으면 가치가 녹아 없어진다. 세상에 존재하는 돈의 양, 통화량이 쉬지 않고 늘어나기 때문이다. 가만히 있다가는 내 주머니 속 돈의 가치만 떨어진다.

통화량이 증가하는, 즉 세상에 돈이 많아지는 이유는 바로 은행 시스템 때문이다. 은행은 예금으로 들어온 돈 전부를 금고에 쌓아두지 않는다. 법적으로 정해진 지급준비금(약 10%)만 남기고, 나머지는 필요한 사람이나 기업에 대출해 줄 수 있다.

예를 들어, A가 은행에 100억 원을 예금했다고 가정해 보자. 은행은 이 중 10억 원만 지급준비금으로 남기고, 나머지 90억 원을 누군가에게 대출해 준다. 대출받은 사람은 그 돈으로 집을 사거나 사업을 하고, 그 돈은 다시 다른 사람의 예금으로 들어간다. 만약 이 90억이 또 다른 은행에 예금되면, 은행은 그 중 9억만 남기고 81억을 다시 대출해 준다. 이 과정이 계속 반복된다. 결국 최초의 100억이 100억 + 90억 + 81억 + ... 이렇게 점점 불어난다. 이론적으로는 지급준비율이 10%일 때, 최대 1,000억 원까지 통화가 창출된다. 은행이 실제로 보유한 현금은 여전히 100억 원뿐인데, 세상에 돌아다니는 돈은 10배로 늘어난 것이다.

여기에 더해 중앙은행은 경기 부양이나 경제 위기 극복을 위해 통화량을 인위적으로 늘릴 수 있다. 대표적인 방법이 양적 완화다. 또 금리를 인하하면 대출이 더 쉬워지고, 자연스럽게 통화량은 더 늘어난다.

이처럼 세상에 있는 돈의 총량이 계속해서 늘어나니, 물건 판매자들은 자신이 파는 상품의 가치를 지키기 위해 상품 가격을 올린다. 이것이 인플레이션의 원리다.

현금을 손에 쥐고만 있다가는 가치가 뚝뚝 떨어진다는 사실을 알게 되니 뭔가 대책을 세워야 했다. 단순히 예금이나 적금에 내 돈을 넣어두는 것만으로는 이 '녹아내리는' 속도를 따라잡기 어렵다는 사실이 명확해졌다.

| 급여는 올라도 오른 게 아니다

연초가 되면 호봉이 오르고, 여기에 공무원 전체 보수 인상률이 반영되어 급여통장에 찍히는 숫자가 조금씩 늘어나는 것을 보며 흐뭇해하고는 했다. 하지만 세상 물정을 조금씩 알게 되면서 얼마나 큰 착각이었는지 깨닫게 되었다.

통계적으로 물가는 장기적으로 1년에 약 3% 오른다. 하지만 군인을 비롯한 공무원의 연간 보수 인상률은 최근 4년(21~24년)간 겨우 1.6%였다. 심지어 나라의 경제 상황이 안 좋았던 2009년, 2010년에는 동결되기도 했다. 통장에 찍히는 내 급여인 명목소득은 매년 조금씩 오를지 몰라도 물가를 고려한 실질소득, 즉 실제 구매력은 군인 연봉이 물가상승률에 맞춰 매년 3% 이상 오르지 않는 한 감소하는 것과 마찬가지다. 이는 현금만 보유하고 있다가는, 내 돈의 가치를 지키기 어렵다는 명백한 증거다.

군인은 직업 특성상 이직이나 겸직, 부업 등이 자유롭지 않아 근로소득을 획기적으로 늘리기 어렵다. 따라서 매년 물가상승률을 따라잡고, 나아가 자산을 불리기 위해서는 자본소득, 즉 투자를 통해 '돈이 돈을 벌게 하는 시스템'을 구축하는 것이 필수적이다.

나는 최소한 물가 상승률(3%)을 넘어서고, 여기에 자산의 실질적인 성장을 더 해 연평균 10% 정도의 수익률을 목표로 삼기로 했다. 이는 미국 S&P500 지수의 연평균 수익률과 유사한 수치로, 불가능한 목표는 아니었다. 지금 갖고 있는 돈으로 살 수 있는 아파트를 10년, 20년 후에도 살 수 있도록 내 돈의 가치를 지켜야 했다.

돈을 제대로 쓰자

손에 현금을 쥐고만 있으면 그 가치는 아이스크림처럼 녹아내린다. 물가상승률조차 따라가지 못하는 예금과 적금에 소중한 내 돈을 맡길 수도 없는 노릇이다. 가족의 미래를 맡기기에는 군인 공제회 역시 충분하지 않다는 것을 앞서 확인했다. 그렇기에 우리는 물가상승률을 뛰어넘어 꾸준히 우상향하는 우량한 자산을 찾아야만 한다.

시간이 흘러도 가치가 보존되거나 오히려 불어나는 자산을 사서, 가능한 한 오랫동안 보유하는 것. 이것이 바로 '돈을 쓰면서도 오히려 돈을 버는' 현명한 소비, 즉 투자의 핵심이다.

| 새 차를 산 김 중위와, 구글 주식을 산 황 중위

나는 임관 2년 차였던 2013년, 첫 차를 장만했다. 당시

2,300만 원짜리 국산 준중형 신차를 할부로 구매했다. 군인은 잦은 이동과 출장 때문에 어쩔 수 없이 차가 필요하다고 생각했다. 그 첫 차가 10년 넘게 나의 발이 되어주고 있지만, 지금 와 생각해 보니 그때 새 차 대신 감가가 충분히 진행된 중고차를 구매했더라면 훨씬 더 많은 돈을 절약하고 투자할 수 있었을 것이라는 아쉬움이 남는다.

여기, 작은 선택이 10년 후 얼마나 큰 차이를 만들어내는지 극명하게 보여주는 두 젊은 장교의 이야기가 있다. 바로 김 중위와 황 중위의 가상 사례다. 둘은 사관학교 동기이자 절친한 친구로, 졸업 후 운 좋게 같은 부대에 배치받아 서로 의지하며 새로운 환경에 적응해 나갔다.

1. 김 중위의 선택: 새 차와 함께 시작된 소비의 굴레

자대 배치 후 1년이 지나 부대 생활에 어느 정도 적응이 되자, 김 중위는 출퇴근과 출장 편의를 위해 2,000만 원짜리 새 차를 구매했다. 1,000만 원은 모아둔 돈으로 선납하고, 나머지 1,000만 원은 3년 할부로 매달 갚아나가기로 했다. 당시 약 250만 원이었던 그의 급여에서 30만 원 이상이 매월 자동차 할부금으로 빠져나갔다. 여기에 매달 기름값으로 10만 원 이상, 1년에 두 번 자동차세 30만 원, 초보 운전자라 비싸게 나가는 연간 100만 원의 자동차 보험료까지. 최근에는 운전 미숙으로 주차 중 차 문을 긁어 수리비로 40만 원을 지출하기도 했다. 물론 김 중위는 새 차가 주는 편리함과 만족감에 이러한 지출이 아깝지 않다고 생각하며 자신을 위안했다.

어느덧 10년의 세월이 흘러 김 중위가 김 소령이 되자 애지중지했던 그의 차는 이제 감정가 500만 원의 중고차가 되어 있었다. 그사이 결혼도 하고 아이도 태어나니 더 큰 차가 필요해졌다. 결국 김 소령은 올해 큰맘 먹고 신형 카니발 하이브리드를 계약했고, 차량을 인수할 목돈을 마련하기 위해 오늘도 허리띠를 바짝 졸라매고 있다.

남의 이야기처럼 적었지만, 김 중위의 사례는 사실 과거 나의 부끄러운 경험담이다. 초급장교 시절 얼마 되지 않는 급여에서 매달 꼬박꼬박 빠져나가던 자동차 할부금은 정말 큰 부담이었다. 할부를 모두 완납했을 때 느꼈던 해방감이 지금도 생생하다. 그때는 차에 쓰는 돈이 언젠가 되팔 때 일부 회수할 수 있으니 절반은 투자라고 생각했다. 하지만 자동차 구매는 명백히 시간이 갈수록 가치가 사라지는 단순 소비였다. 신차 비닐을 뜯는 순간 이미 내 차는 30%의 가치가 증발한 중고차가 되었고, 감가상각의 위력은 생각보다 훨씬 어마어마했다. 팔려고 해도 얼마 받을 수도 없기에 그냥 타다 보니 10년 넘게 몰고 있다. 그나마 처음엔 '카푸어'(Car Poor)를 각오하고 벤츠 C클래스를 살까 망설였는데, 결국 현실과 타협하여 국산 차를 구매한 것이 지금 와 생각해 보면 천만다행이다.

2. 황 중위의 선택: 절약과 투자로 쌓아 올린 자산의 탑

이번에는 같은 시기 같은 부대에서 군 생활을 시작했지만, 다른 선택을 한 황 중위의 사례를 소개한다. 황 중위는 절친한 동기 김 중위가 새 차를 산 덕분에 한동안 그의 차를 얻어 타며 출퇴근할 수 있었다. 부대 내에서는 자전거를 이용하고, 부대 밖으로 나갈 때는 영내 셔틀버스와 대중교통을 적극 활용하며 생활비를 아꼈다.

하지만 황 중위도 임관 3년 차가 되자 각종 교육과 잦은 출장으로 더 이상 차를 빌려 타기에는 한계가 왔다. 고민 끝에 그는 300만 원을 주고 10년 된 중고 경차를 구매했다. "차는 단순한 이동 수단일 뿐, 그 이상도 이하도 아니다"라는 그의 평소

신념 덕분에, 차에 큰돈을 쓰지 않을 수 있었다.

황 중위는 이렇게 차량 구매와 유지보수에서 아낀 돈 전부를 매월 꾸준히 미국 구글(알파벳) 주식에 투자했다. 급여의 절반에 가까운 금액이었지만, 그는 본인을 포함한 전 세계 사람들이 매일 사용하는 유튜브와 스마트폰 운영체제인 안드로이드를 소유한 구글의 압도적인 성장을 함께하고 싶었다. 급여가 오를 때마다 투자금도 조금씩 늘려갔다.

그렇게 10년이 흘러 황 소령이 된 그는 자신의 증권 계좌를 확인해 보았다. 매월 약 50만 원으로 시작하여 점차 늘려나간 투자 원금은 어느새 6천만 원 이상이 되어 있었고, 그동안의 수익을 모두 합한 주식 평가금액은 1억 5천만 원을 훌쩍 넘어섰다. 여기에 그동안 함께 모아둔 적금과 군인 공제 등의 다른 금융자산을 모두 합치니 총자산은 2억 원 이상이 되어 있었다. 황 소령은 이 자금을 바탕으로 최근 수도권 부동산 매입을 진지하게 알아보고 있다.

| 돈이 가야 할 올바른 방향

두 젊은 장교의 10년 후 모습은 우리에게 많은 것을 시사한다. 한 살이라도 어릴 때, 차량과 같은 소모성 소비재가 아닌, 장기적으로 우상향하는 자산에 투자하는 것이 얼마나 중요한지 극명하게 보여준다.

만약 내 돈 100만 원이 10년 후 1억, 혹은 10억이 되어 있을 가능성을 알게 된다면, 우리는 쉽게 돈을 쓰지 못할 것이다. 현금 그 자체로는 가치가 불어나지 않는다. 현금은 가치가 있는 실물이나 자산으로 교환할 수 있는 일종의 '쿠폰'일 뿐이다. 나는 돈이 생길 때마다 가치가 오르는 자산으로 교환해 두는 것을 원칙으로 삼았다.

한 살이라도 어릴 때 투자를 시작해야 하고, 장기적으로 우상향할 올바른 자산을 선택해야 한다. 자동차는 시간이 갈수록 가치가 빠르게 감소하는 대표적인 소비재다. (최근 신차 출고 지연으로 일부 중고차 가격이 신차 가격을 넘어서는 현상이 있기도 하지만, 이는 매우 예외적인 경우다) 반면, 입지가 좋은 부동산이나 혁신을 주도하는 우량 주식은 시간이 갈수록 그 가치가 오른다.

투자를 결심한 후 지금까지 100권이 넘는 투자 서적을 읽었다. 워런 버핏부터 피터 린치까지, 투자의 거장들이 하나같이 강조하는 사실은 부를 쌓기 위해서는 절대적인 '시간'이 필요하다는 것이었다. 짧은 시간 안에 부자가 될 수 있다고 말하는 사람은 거짓말쟁이거나 당신의 돈을 노리는 사기꾼이다. 우리는 시간을 무기로 삼아, 우량한 투자 자산을 장기간 보유하며 복리의 마법을 누려야 한다. 특히 장기 복무 군인은 매월 안정적인 현금 흐름이 보장되고, 주거비에 큰돈을 들일 필요가 없기에 장기 투자에 정말 유리한 직업이다.

중요한 것은 강력한 신념과 확신을 갖고, 일시적인 시장 하락에도 흔들림 없이 장기간 보유할 수 있는 자신만의 우상향하는 투자처를 발견하는 것이다. 내가 선택한 투자처는 미국 주식이었다. 다른 사람의 권유나 유행에 따른 투자가 아니라, 스스로 치열하게 공부하고 연구하여 내린 결론이었기에, 큰 하락이 찾아와도 '결국엔 반등할 것'이라는 믿음을 갖고 안정적으로 투자를 이어갈 수 있다.

스스로에 대한 확신과 긴 인내의 시간은, 마침내 커다란 수익이라는 열매로 돌아와 훗날 당신의 명예로운 전역을 축하해 줄 것이다.

군인을 위한 투자 전략

| 직업군인 투자자의 최고 무기

투자에서 가장 중요한 것은 타이밍도, 정보도 아니다. '꾸준한 현금 흐름'이야말로 모든 전략의 바탕이 된다.

민간 직장인들의 고민을 커뮤니티에서 살펴보면, 불확실한 고용환경과 수입의 변동성에 대한 불안이 가장 크다. 회사가 어려워지면 월급이 줄거나 일자리를 잃을 수 있고, 장기적인 투자 계획을 세우더라도 생활비 문제로 무너지는 경우가 허다하다. 수입이 불안정하면 당연히 투자 자금도 흔들리고, 주식의 장기 보유도 어렵다.

하지만 군인의 급여는 국가가 보증하는 안정적 현금 흐름이다. 매달 어김없이 입금되고, 복무기간이 길어질수록 그 흐름은 예측 가능해진다. 이처럼 안정된 현금흐름은 투자에 있어 가장 큰 심리적 버팀목이 되어주며, 위험한 상황에서도 계획을 수정하지 않고 버틸 힘을 준다.

게다가 이 안정성은 신용도를 높이는 자산이기도 하다. 금융기관은 군인의 고정 급여를 높이 평가하며, 대출 한도와 이자 조건에서 유리한 조건을 제공한다. 이는 곧 레버리지 활용이나, 부동산 투자에 있어 실질적인 경쟁력이 된다.

| 장기 투자에 최적화된 직업군인의 삶

투자의 성과는 단기적으로는 운에 의해 좌우될 수 있지만, 장기적으로는 결국 복리와 꾸준함이 승부를 결정한다. 그리고 이 원칙은 직업군인의 삶에 완벽히 들어맞는다.

나는 군 복무의 안정성과 예측 가능한 수입을 바탕으로 장기 투자에 집중하고 있다. 매월 일정 금액을 꾸준히 투자하는 적립식 투자를 통해 감정에 흔들리지 않고 시장의 단기 변동을 뛰어넘는 성과를 낼 수 있다. 주가가 오르든 떨어지든 계획대로 매수하고, 본업에 집중한다. 시간이 흐를수록 복리의 효과는 가속화되고, 투자 자산은 점점 커질 것이다.

물론 군인의 삶이 쉬운 것은 아니다. 잦은 이사와 근무지 변경 등 주거 안정의 어려움은 분명 존재한다. 하지만 완벽한 조건만을 기다리다가는 투자 자체가 불가능하다. 우리가 가진 가장 강력한 무기를 인식하고, 그것을 전략적으로 활용할 줄 아는 것. 그것이 바로 투자에 있어 높은 성과를 내는 비결이다.

| 본업과 투자, 두 마리 토끼를 잡는 전략

국가를 지키느라 바쁜 군인이 투자에만 전념한다고 본업에 소홀할 것이라 생각할 수 있지만, 내가 투자에 들이는 시간은 그렇게 많지 않다.

수많은 투자 서적을 읽고 내린 결론은, 군인에게 가장 적합한 투자 방식은 인문학적 소양과 상상력을 바탕으로 한 장기 투자였다. 누구나 자신만의 시각으로 미래의 모습을 그릴 수 있고, 현대의 기술력은 어떠한 상상이든 이내 현실로 구현해낸다.

나는 AI, 생명 연장, 인간 의식의 전산화, 우주 개척과 같은 분야가 미래에 폭발적으로 성장할 것이라 확신한다. 하지만 군인이라는 본업이 있기에, 해당 분야의 1등이 될 기업을 찾기 위해 매일 시장과 기업을 분석하는 데 많은 시간과 노력을 들일 수 없다. 그래서 나는 개별 기업 분석에 시간을 쏟는 대신, 앞으로 어떤 미래가 펼쳐지고 어떤 산업이 발전할지에 대한 나만의 확실한 비전을 갖고, 그 분야의 최고 기업이나 그 산업 전체(ETF)에 투자한 후 성과가 날 때까지 묵묵히 기다린다. 이처럼 단순하지만 강력한 방법으로 투자한다면 많은 시간을 할애하지 않아도 되기에 주식은 바쁜 군인과 직장인을 위한 최적의 투자처다.

무엇보다, 즐겁고 지속 가능한 투자 여정을 이어가기 위해서는 본업에 충실해야 한다. 2025년, 공동 저서 발간을 위해 부대 지휘관께 겸직 신청 보고를 했다. 자연스럽게 부대원들이 나의 저술 활동에 관해 알게 되었고, 나는 부대 생활에 더욱 신중하고 조심하게 되었다. 내가 실수를 하거나 업무에서 조금만 부주의하면, '본분에 집중하지 않고 투자에만 빠져있다'고 비칠 것이 걱정되었기 때문이다.

직장에서의 신뢰를 잃거나, 내 몫을 제대로 해내지 못한다면 삶의 기반 자체가 무너진다. 군 생활은 나에게 경제적 안정을 주는 동시에 나의 정체성이다. 투자는 어디까지나 자산을 증식시키는 도구일 뿐, 도구가 삶의 중심이 되어서는 안 된다. 투자 수익도 중요하지만, 직장에서의 평판과 동료들의 신뢰는 돈으로 살 수 없는 더욱 큰 자산이기 때문이다.

네이버 카페 리치군인
함께 하는 재테크 스터디

군인과 가족들에게 필요한 지식을 진심으로 나눕니다.
<도서출판 드림벙커>

2장. 7가지 투자 원칙

실전 투자를 앞두고 100권이 넘는 투자 서적을 읽었다. 수많은 독서를 통해 깨달은 한 가지 사실은 투자의 대가들이 전하는 핵심 메시지가 거의 비슷하다는 것이었다. 그 공통된 지혜들을 나의 경험에 비추어 7가지 원칙으로 정리했다. 이 원칙들은 내가 늘 곁에 두고 되새기는 투자 신조가 되었다. 당신의 투자 여정에서도 흔들리지 않는 이정표가 되어 줄 것이다.

원칙 1. 원시인의 본능을 버려라

유발 하라리가 『사피엔스』에서 언급했듯, 우리의 DNA에는 여전히 드넓은 초원을 누비던 수렵시대의 원시 본능이 각인되어 있다. 당장 먹을 것을 저장하고, 눈앞의 위험에 즉각 반응하는 것은 생존에 유리했지만, 이러한 본능은 보이지 않는 미래 가치를 위해 현재의 만족을 유보해야 하는 장기 투자에서는 독이 된다.

나는 인간의 몸과 정신이 원시시대 이래로 큰 진화가 없다는 사실을 깨닫고 큰 충격을 받았다. 지금까지 살아온 삶을 곰곰이 생각해 보니 맞는 말이었다. 남들이 하는 대로 행동해야 편안함을 느꼈고, 내일 죽을 수도 있다는 생각에 미래보다 현재를 더 중시했으며, 환경의 변화를 거부하며 새로운 시도를 하지 않고 기존에 살던 방식으로 살아가려 했다.

나는 이 사실을 깨달은 후, 의식적으로 원시 본능에 반대로 행동하기 위해 아래의 노력을 하고 있다.

| 무리에서 벗어나 고독해지기

과거의 나는 남들이 하는 대로 행동해야 편안함을 느꼈고, 그들의 인정에 목말라했다. 하지만 투자의 세계에서 대중이 가는 길은 대부분 실패로 이어진다. 나는 2022년의 조정장이나 2024년 8월의 블랙먼데이처럼 대중이 공포에 질려 주식을 내던질 때마다, 오히려 평소보다 더 많은 수량을 싼값에 주워 담았다.

주가는 결국 사람들의 심리를 반영한다. 위아래로 출렁이는 차트는 사실상 군중의 감정 그래프다. 하지만 시장에서 살아남는 사람은 감정과 거리를 두고 본질을 바라보는 이들이다. 그들에게 필요한 자질은 단순한 정보력이 아니라, '고독을 견디는 능력'이다.

혼자 가는 길은 때로 외롭고 불안하다. 특히 주변 사람들이 "지금은 아니야", "이제 주식은 끝났어"라고 말할 때면 더욱 그렇다. 하지만 투자에서 가장 중요한 순간은 모두가 틀릴 때 내가 옳은 선택을 할 수 있는가이다. 그 선택은 군중의 소리에 귀를 닫고, 스스로의 목소리를 듣는 훈련에서 시작된다.

> "지금 내가 느끼는 불안은 나의 것인가,
> 아니면 타인의 불안을 빌려온 것인가?"

이 질문은 시장의 소음에서 한 발짝 물러나, 현상의 본질을 꿰뚫는 눈을 키워준다.

나는 이제 남들과 같은 길을 가지 않더라도 두렵지 않다. 오히려 대중이 흘러가는 방향을 바라보며 '왜?'라고 묻는 것이 습관이 되었다. 그 물음표는 때로는 새로운 통찰을, 때로는 더 깊은 확신을 만들어낸다.

투자뿐 아니라 삶에서도 진짜 성장은 무리에서 벗어나 혼자일 때 시작된다.

| 현재의 만족을 미래로 보내기

　내일 죽을지도 모른다는 원시인의 불안감은 오늘을 즐기는 데 집중하게 만든다. 하지만 확률적으로 나는 내일 죽을 확률보다 100살까지 살 확률이 훨씬 높다. 이러한 관점의 전환은 나의 소비 습관과 투자 철학을 완전히 바꿔놓았다. 그래서 나는 현재의 즐거움을 위한 여행이나 외제차 같은 소비재에 돈을 쓰는 대신, 수입의 절반 이상을 꾸준히 미국 주식이라는 자산으로 교환하고 있다. 주식 계좌의 숫자가 커지면서 단지 '돈이 늘어난 것'이 아니라 내가 미래를 통제하고 있다는 확신이 생겼다. 이 확신은 외제차보다 더 나은 자존감과 여행보다 더 깊은 만족감을 안겨준다.

　나는 현재의 만족을 억지로 포기한다고 생각하지 않는다. 단지, 지금의 돈을 미래로 '전달'하는 것이다. 내가 오늘 쓴 소비는 오늘 하루에 머물지만, 내가 오늘 산 미국 주식은 10년, 20년 후에도 나와 함께 살아남아 미래의 나를 부자로 만들어줄 준비를 하고 있다. 쇼핑 어플의 80% 특가 상품에 지갑을 열지 말고, 그 금액만큼 미국 우량 ETF에 투자해 보자. 그 한 번의 클릭이 당신의 10년 후를 완전히 바꿔놓을 수도 있다.

| 익숙함과 결별하고 끊임없이 배우기

인간은 익숙한 것을 안전하다고 느끼는 존재다. 원시 시대에 새로운 도전(낯선 지역으로의 이동, 새로운 동물 사냥 등)은 곧 죽음을 의미하는 도박이었기 때문이다. 뇌는 변화 자체를 위협으로 간주했고, 안정적인 루틴과 기존의 방식에 머무는 것이 가장 합리적인 생존 전략이었다. 하지만 현대 사회는 정반대의 원리로 작동한다. 변화에 적응하지 못하면 도태되고, 배우지 않으면 추락한다. 정보는 매일 갱신되고, 기술도 실시간으로 진화한다. 지금 알고 있는 지식만으로는, 평생을 살아갈 수 없다.

현대 자본주의 사회에서 배움과 투자의 실패는 원시시대처럼 죽음으로 이어지지 않는다. 오히려 실패를 통해 더 크게 성장할 수 있다. 내 경험상 그 어떤 실패도 치명적이지 않았다. 이러한 깨달음 이후, 나는 기존에 안주하던 삶의 방식을 버리고 늘 새로운 지식을 탐구하고 있다. 이 책을 쓰는 것 역시, 과거의 나라면 상상도 못 했을 배움과 도전의 일환이다.

과거에 배운 것만으로는 앞으로의 시대를 살아가기 어렵다. 우리는 더 이상 안정이 안전이 아닌 시대에 살고 있다. 군 생활이라는 특수한 환경에서는 학습과 변화에 상대적으로 둔감해지기 쉽다. 그러나 그럴수록 배움의 루틴이 필요하다. 매일 15분이라도 경제신문을 읽거나 투자서를 한 장씩 읽어보자. 모든 변화의 시작은 사소한 '이탈'에서 비롯된다. 익숙함에서 용기 있게 걸어 나오는 그 첫걸음이, 당신을 미래의 부자로 이끌 것이다.

이처럼 대중의 공포에 동참하는 대신 역발상 투자를 하고, 현재의 소비를 미래의 자산으로 바꾸며, 안주하는 대신 끊임없이 배우는 것. 이것이 바로 원시 본능을 이겨내고 자본주의 사회에서 부를 쌓아가는 핵심적인 사고방식이다.

| 원시 본능에 무릎 꿇은 나의 경험

2022년은 투자 시작 후 처음으로 접해보는 하락장이었기에 그 충격이 상상 이상이었다. 그동안 투자의 대가들이 쓴 책을 100권 넘게 읽으며 '하락장은 기회다', '공포에 사라'는 명언들을 머릿속에 새겼건만, 막상 내 계좌의 파란불이 매일같이 깊어지는 현실 앞에서는 그 어떤 가르침도 힘을 쓰지 못했다. 결국 나는 공포를 이기지 못하고, 2022년 하락장 초입에 보유하고 있던 주식을 전량 매도했다. 투자 시작 후 상승장만 경험했던 초보 투자자의 미숙함이 그대로 드러나는 순간이었다. '이 기업이라면 10년은 함께할 수 있다'는 나름의 확신을 갖고 종목을 골랐음에도, 그 확신은 실제 돈을 잃는다는 공포 앞에서 너무나 쉽게 무너져 내렸다.

책으로 배우는 것과 온몸으로 직접 겪어보는 것은 천지 차이였다. 이내 정신을 차리고 시장에서 도망친 것을 후회하며 보유하던 주식을 다시 사들였지만, 그 짧은 새에 주가는 이미 상당 부분 회복되어 있었다. 결국 나는 같은 주식을 이전보다 훨씬 비싼 가격에, 더 적은 수량으로 다시 사야만 하는 뼈아픈 대가를 치렀다.

원칙 2. 명확한 부의 기준을 세워라

모건 하우절의 『부의 심리학』, 김승호 회장의 『돈의 속성』에서 공통으로 언급하는, 부에 이르는 길의 가장 큰 적이 있다. 그것은 바로 '남과의 비교'다.

| 누군가와 비교하는 순간, 나를 잃는다

비교는 인간의 본능에 가깝다. 원시 시대에 우리는 무리 속에서 자신의 위치를 파악하고 생존하기 위해 끊임없이 주변을 살폈다. 하지만 현대 사회, 특히 자본주의 사회에서 이 낡은 본능은 우리를 '상대적 박탈감'이라는 감옥에 가둔다.

비교는 인간을 불행하게 만드는 가장 강력한 감정이다. 내 자산이 아무리 늘어나도, 세상에는 언제나 나보다 더 큰 부자가 존재하기 마련이다. 10억을 벌어도 100억을 가진 사람을 부러워하고, 100억을 가져도 1,000억을 가진 사람을 질투하게 된다. 이 비교의 굴레에 빠지는 순간, 우리는 영원히 만족할 수 없게 된다. 목표를 달성하는 기쁨은 잠시뿐, 곧바로 더 높은 곳에 있는 누군가를 보며 다시 조급해하고 불안해한다. 이것은 결승선이 계속해서 뒤로 움직이는 경주와 같다. 영원히 이길 수 없는 게임에 참여하는 것과 다름없다.

무엇보다 비교는 사람을 '조급하게' 만든다. '나만 뒤처지고 있다'는 공포 FOMO, Fear Of Missing Out는 합리적인 분석과 냉철한 이성을 마비시킨다. 결국 잘 알지도 못하는 자산에 섣불리 투자하게 만들고, 이는 필연적으로 큰 손실로 이어진다. 조급함은 이성적인 판단을 흐리게 하므로, 투자자가 가장 피해야 할 치명적인 감정이다.

| 나만의 명확한 목표 설정하기

이 비교의 함정에서 벗어나는 유일한 방법은 '나만의 명확한 부의 기준', 즉 흔들리지 않는 목표를 세우는 것이다. 내가 개인적으로 설정한 목표는 1,500억 원의 자산을 이루는 것이다. 누군가에게는 허황된 말처럼 들릴지 모르지만, 이것은 나만의 길을 가기 위한 강력한 이정표다. 1,500억 원이라는 원대한 목표 덕분에 안일함에 빠지지 않고 끊임없이 나를 단련하고 나아갈 수 있다. 그 10분의 1인 150억 원, 또 그 10분의 1인 15억 원을 향해 가는 과정 자체에 집중할 수 있게 된다. 아직은 갈 길이 멀지만, 이 명확한 목표 덕분에 나는 주변을 둘러보며 불안해하는 대신, 오직 나의 길을 묵묵히 걸어갈 수 있다. 다른 사람의 성공 소식에 조급해하기보다, '나의 목표에 도달하기 위해 지금 무엇을 해야 하는가?'에 집중할 수 있다.

| 비교와 멀어질 수 있는 환경 조성

이 원칙을 지키기 위한 나의 작은 행동방침은 소셜미디어 SNS를 하지 않는 것이다. 인스타그램, 페이스북 등에 전시된 타인의 가장 화려한 순간과 나의 평범한 일상을 비교하며 불필요한 조급함이나 박탈감을 느끼고 싶지 않기 때문이다. 타인과의 비교를 멈춘 순간부터, 비로소 나는 나의 삶과 목표에만 집중할 수 있게 되었다. 책을 한 줄 더 읽고, 투자 아이디어를 고민하고, 내게 소중한 사람들과 깊이 있는 대화를 나눈다. 이것이 바로 부자로 가는 길에서 '복리'처럼 쌓이는 진짜 자산이다.

부의 기준에 관해 남의 기준이 아닌, 당신만의 답을 찾아라. 그리고 그 답을 당신의 등대로 삼아 묵묵히 당신의 길을 걸어가라. 타인의 속도가 아닌 나만의 보폭으로 걷는 그 길 위에서 우리는 비로소 진정한 내면의 평화를 마주하고, 흔들림 없이 부를 향해 나아갈 수 있다.

원칙 3. 절약하는 삶을 살아라

부의 성취는 소득의 크기가 아니라 '저축률(투자율)'에서 시작된다. 『이웃집 백만장자』와 『찰리 멍거 바이블』을 읽고 미국의 진짜 부자는 절약하며 사는 평범한 노인들이라는 사실을 깨달았다. 진짜 부자들은 적당한 크기의 집에서 중고차를 타며 살고 있었다.

| 모으는 것보다 지키는 것이 더 중요하다

돈을 모으기 위한 방법은 근본적으로 두 가지다. 소득을 늘리거나, 지출을 줄이는 것. 군인이라는 직업의 특성상, 급여 외 소득을 공격적으로 늘리는 데는 분명 한계가 있다. 물론 근속 연수와 계급이 오르며 급여가 상승하기는 하지만, 그것만으로 자산을 극적으로 불리기는 어렵다. 그렇다면 우리가 부를 쌓기 위해 선택할 수 있는 가장 확실하고 강력한 방법은 지출을 줄이는 것, 즉 절약뿐이다.

절약하는 삶의 태도는 단순히 돈을 모으기 위해서만 중요한 것이 아니다. 어렵게 모은 돈을 지키기 위해서도 꼭 유지해야 할 습관이다. 소비는 또 다른 소비를 부르기 마련이다. 투자에 처음 관심을 갖게 되었을 무렵, 나의 목표는 서울의 한 근사한 아파트를 구매하는 것이었다. 하지만 조금 더 깊이 생각해보니, 그 아파트를 구매하는 순간 보유세와 관리비는 물론, 주변 이웃들의 생활수준에 맞추기 위한 눈에 보이지 않는 지출,

그리고 넓은 집 안을 채워야 할 고급 가구와 가전제품들로 인한 파생 소비가 꼬리를 물고 이어질 것이 불 보듯 뻔했다. 여기까지 생각이 미치자, 설령 부자가 되더라도 감당 가능한 수준의 주택에서 적정한 생활수준을 유지하는 것이 부를 쌓고 또 지켜나갈 수 있는 현명한 길이라는 결론에 이르렀다. 절약했기에 부자가 된 것이다. 부자가 되었다고 씀씀이가 커져서는 힘들게 일군 부를 지킬 수 없다. 이 단순한 진리를 잊어서는 안 된다.

군 생활을 하면서 조금씩 급여가 늘어날 것이다. 하지만 수

입이 늘어난다고 해서 지출도 그만큼 따라서 늘어나서는 자산이 증가하지 않는다. 우리는 의식적으로 지출을 통제해야 한다. 아무리 불필요한 지출을 줄인다 해도, 자녀 교육비, 식비 등 살아가면서 자연스럽게 늘어나는 필수 지출 항목들이 있기 때문이다. 그렇기에 늘 검소한 삶의 태도를 견지해야만, 비로소 자산이 꾸준히 늘어나는 선순환을 만들 수 있다.

월 천만 원을 버는 고소득자라 할지라도, 그 소득을 모두 소비에 사용한다면 자산의 총량은 제자리걸음일 뿐이기에 진정한 부자라 할 수 없다. 반면, 월 400만 원을 벌더라도 그중 200만 원을 꾸준히 투자할 수 있는 사람은 부의 총량이 시간이 갈수록 늘어날 수밖에 없다. 만약 월 200만 원으로 만족하며 살아갈 수 있는 삶의 태도를 견지하고, 그 차액을 꾸준히 우상향하는 자산에 투자한다면, 언젠가는 그 투자에서 나오는 불로소득만으로도 생활할 수 있게 된다. 그때가 바로 경제적 자유를 이룬, 진정한 의미의 부자가 되는 순간이라 할 수 있을 것이다.

규칙적으로 운동하는 사람은 건강하다. 겉으로 보기에도 건강해 보이니 운동할 필요가 없어 보일 수 있다. 하지만 규칙적으로 운동을 하기에 건강한 것이다. 내가 본 부자들도 마찬가지였다. 그들은 단지 돈이 많아서 여유로운 것이 아니라, 경제적으로 건강한 상태를 유지하기 위해 보이지 않는 곳에서 끊임없이 노력한다. 예산을 세우고 그에 맞춰 지출하며, 소비의 유혹을 이겨낸다. 소비를 먼저 한 후 남는 돈으로 저축하는 것이 아니라, 목표한 금액을 가장 먼저 저축하거나 투자한 후, 남는 돈으로 생활하는 것이 몸에 배어 있다. 나 역시 매월 급여의 절반은 가장 먼저 투자 계좌로 보내고, 나머지 돈으로 생활하는 것을 철칙으로 삼고 있다. '남는 돈을 저축하는 것'과 '저축하고 남는 돈으로 생활하는 것'. 이 작은 순서의 차이가 평범한 사람과 부자를 가르는 결정적인 차이다.

| 군인의 3대 절약 포인트

투자의 성패는 결국 '얼마나 많은 돈을, 얼마나 오랫동안 투자하는지'에 달려있다. 투자금을 마련하기 위해서는 절약을 통해 새는 돈을 잡아야만 한다. 그런 면에서 군인은 절약하기 아주 좋은 직업이다.

군인이 절약에 유리한 첫 번째 이유는, 주거비 절감이다. 민간 직장인 지출의 가장 큰 비중을 차지하는 주거비 부담이 군인은 훨씬 덜하다. 나의 경우, 관사 관리비와 가스비를 모두 합해도 주거비로 월평균 30만 원 정도만 지출할 뿐이다. 500만 원도 안 되는 저렴한 보증금과 민간 아파트에 비해 낮은 관리비는 관사의 명백한 장점이다. 이렇게 아낀 수십, 수백만 원의 주거비용은 고스란히 투자금으로 전환될 수 있다.

둘째, 식비와 의류비 절감이다. 구내식당을 이용하면 저렴하게 끼니를 해결할 수 있고, BX Base Exchange (육군의 PX에 해당)에서는 각종 생필품을 면세 가격으로 구매할 수 있다. 또한 군인은 유니폼을 입고 근무하기에, 매일 아침 어떤 옷을 입을지 고민하거나 비싼 옷을 살 필요가 없어 의류비 지출도 크게 줄일 수 있다.

셋째, 보험료 절감이다. 앞선 장에서 자세히 설명했듯이, 나는 전통적인 보험의 효율성에 대해 깊이 고민했다. 군인 단체보험은 복지포인트를 이용해 매우 저렴한 비용으로 실손을 포함한 폭넓은 보장을 제공한다. 군인단체보험 덕분에 우리 4인 가족의 보험료는 매월 10만 원을 조금 넘을 뿐이다.

현역으로 복무하는 기간에는 군 단체보험의 도움을 받을

수 있지만, 전역 후 비싼 돈을 주고 민간 보험에 가입하는 것이 걱정될 수 있다. 나는 이렇게 아낀 돈을 모아, 1억 원의 가족 비상 의료 자금을 마련하는 것을 목표로 하고 있다. 이 돈을 월 배당 주식에 투자해 매달 배당금을 받으며, 스스로 가족의 건강 리스크를 관리하는 것이 훨씬 합리적이라고 판단했다. 받을 수 있을지조차 확신할 수 없는 미래의 불확실한 보험료를 위해 현재의 소중한 돈을 보험사에 납부하는 대신, 그 돈을 아껴 배당금까지 받으며 건강을 보장받는 것이 나의 전략이다.

이 밖에도 고정지출 중 큰 비중을 차지하는 것 중 하나가 통신비다. 군인만의 절약법은 아니지만, 알뜰폰을 사용하는 것이 통신비 절약에 매우 효과적이기에 추천한다. 나와 아내도 메이저 통신사(KT, LG, SKT)에서 알뜰폰으로 갈아탄 후 통신비를 60% 이상 절약할 수 있었다. 나는 메이저 통신사가 제공하는 외식, 영화 할인 등의 혜택을 거의 사용하지 않기에, 이런 혜택 없이 매월 통신비를 적게 내는 편이 훨씬 이득이었다. 통화 품질 저하나 고객센터 연결의 불편함을 걱정했지만, 직접 사용해 보니 메이저 통신사와의 품질 차이를 전혀 느낄 수 없었고, 고객센터에 연락할 일도 거의 발생하지 않았다. 현재 우리 가족 통신비의 총합(TV, 인터넷 포함)은 약 8만 원에 불과

하며, 이렇게 절약한 통신비 역시 소중한 투자금으로 활용하고 있다.

원칙 4. 일확천금은 없다

　모든 책에서 하나 같이 강조하는 사실은, 부자가 되기 위해서는 '시간'이 필요하다는 점이었다. 이 사실을 깨닫고 나는 천천히 부자가 되기 위해, 우상향하는 건전한 자산에 장기 투자해 자산을 증식시키는 방법을 선택했다. 벼락부자가 되기 위해 내 전 재산을 한 종목에 올인 하거나, 빚을 내어 투자할 수도 있겠지만, 나는 약 20여 년 남은 군 복무를 통해 안정적인 현금흐름을 창출하고, 나의 본업에 충실하면서 천천히, 그리고 확실하게 부자가 되기로 결심했다.

| 장기 투자의 꿈, 그리고 첫 손절

　나의 첫 주식 거래는 결혼을 코앞에 두었던 2020년 9월 10일이었다. 공교롭게도 당시 주식 시장은 코로나19 팬데믹으로 인해 2020년 3월 바닥을 찍은 후, 무섭게 반등하고 있었다. 우리나라뿐 아니라 전 세계 주식 시장이 유례없는 유동성의 힘으로 폭등하던 시기였다. 그야말로 운 좋게도, 나는 상승장에서 주식 투자의 첫발을 내딛게 되었다.

나는 호기롭게 책 몇 권에서 얻은 지식만 믿고, 3,000만 원이라는 당시 나에게는 매우 큰 돈을 들고 실전 주식 투자에 뛰어들었다. 필립 피셔의 가르침대로 소위 '잡주'는 거들떠보지도 않으며, 오직 우량주에 장기 투자하겠다는 계획을 세우고 첫 매매를 시작했다. 애국심 때문이었는지 나의 역사적인 첫 매수 종목은 다름 아닌 삼성전자였다. 장기 투자자가 되기로 굳게 다짐했건만, 삼성전자와 함께 시험 삼아 매수했던 네이버 주식 1주가 고작 나흘 만에 몇천 원 떨어졌다는 이유로, 나는 3천 원의 손해를 감수하며 인생 첫 매도를 감행했다.

지금의 나는 10년 이상 보유할 확신이 없는 주식은 단 10분도 보유하지 않는다. 충분한 고민과 분석을 거쳐 고른 주식이라면 주가가 일시적으로 조금 내려갔다고 해서 매도하지 않았을 것이다. 하지만 당시 나는 네이버라는 기업에 대한 깊은 이해와 확신이 부족했기에, 아주 약간의 주가 하락에도 쉽게 매도를 결정했다.

| 단기매매의 유혹과 100만 원의 수업료

"단기간의 주가변동은 인간이 절대 예측할 수 없다"

많은 책을 읽은 끝에 얻은 결론은, 단기간의 주가 변동은 인간이 절대 예측할 수 없는 신의 영역이라는 것이다. 나의 짧은 투자 경험에 비추어 봐도, 확실한 호재에도 하락하고, 분명한 악재에도 상승하는 것이 주가였다. 이러한 주식 시장에서 하루 이틀 단위로 거래하는 트레이딩은 도박과 다름없다.

2020년, 실전 투자를 앞두고 나는 투자의 고전들을 읽어 나갔다. 필립 피셔, 피터 린치 등 투자 대가들의 조언을 가슴에 새기며, 완벽한 이론으로 무장한 채 주식시장에 뛰어들었다. 그들의 말처럼 장기 우량주 투자자가 되리라 다짐했다. 하지만 내가 추구해야 할 올바른 투자에 대해 머리로는 알고 있었지만, 가슴으로는 온전히 느끼지 못한 채 실전에 나섰다.

그러다 보니 책에서 강조한 원칙과는 정반대의 행동을 하게 되었다. 투자 초기, 총 3천만 원의 투자금 가운데 1천만 원을 따로 떼어 10만 원이나 20만 원의 작은 수익을 노리며 단타

거래를 하는 일에 재미를 붙였다. '용돈벌이 투자'에 심취하여 '지금은 천만 원이지만, 나중에 1억 원을 굴리며 똑같은 수익률을 내면 하루에 100만 원, 200만 원도 벌 수 있겠구나!' 하며 돈 버는 것이 이렇게 쉬웠나 싶었다. 마치 내가 주식 투자에 소질이라도 있는 것 같았고, 더 큰 자금만 있다면 금방 부자가 될 수 있을 것 같았다.

하지만 곧 문제가 생겼다. 일과시간 내내 주가 창만 쳐다보느라 정작 본업인 군 복무에 집중할 수 없었고, 업무 때문에 매매 타이밍을 놓치기라도 하면 짜증이 났다. 결정적으로, 단타 거래를 위해 매수했던 종목이 하락 후 며칠간 반등하지 않자, 나는 조급함과 두려움을 이기지 못하고 결국 큰 손해를 보며 매도 버튼을 누르고 말았다. 그 결과, 단 한 번의 거래로 100만 원이 넘는 뼈아픈 손실을 기록했다. 그동안 '용돈벌이'로 야금야금 모았던 모든 수익이 한순간에 연기처럼 사라졌다.

쓰라린 경험으로 워런 버핏의 명언을 새길 수 있었다.

"10년을 보유하지 않을 주식은 10분도 보유하지 말라."

단기거래의 또 다른 해악은 거래 비용에도 숨어있다. 매 거래 시 포함되는 증권사 수수료와 매도 시의 세금을 합하면 거래 당 약 0.18%의 비용이 빠져나간다. 하루 10번의 매수/매도를 하는 단기투자자가 한 달(20근무일 기준) 200회의 거래를 한다고 가정하면, 1,000만원의 원금으로 주식을 같은 가격에 200회 사고팔기만 해도 원금은 약 697만 원만 남게 된다. 오직 수수료와 세금만으로 원금의 30%가 사라진다는 의미다. 즉 단기 투자자는 시작부터 -30%의 불리함을 안고 투자를 시작하는 것과 같다.

단기매매의 짜릿함 뒤에 숨겨진 해악을 온몸으로 겪고 나서야, 나는 비로소 책 속의 지혜가 진짜 나의 것이 되는 것을 느꼈다. 그 뒤로는 종목 선정부터 매수의 순간까지 더욱 신중해졌고, 단기적인 등락에 흔들리지 않는 진짜 투자자의 자세에 한 걸음 더 가까워질 수 있었다. 나를 더 성장시켜 준 교훈을 고작 100만 원이라는 저렴한 수업료로 배울 수 있었던, 돌이켜보면 참으로 다행스러운 경험이었다.

| 미국 주식이 상승할 수밖에 없는 이유

미국 주식 시장은 단기적으로 수많은 부침을 겪는다. 때로는 깊은 하락으로 투자자들을 공포에 떨게 하지만 시야를 넓혀 장기적인 관점에서 바라보면, 미국 주식은 하나의 거대한 흐름, 즉 '우상향'을 그리고 있다. 이는 단순히 운이나 우연이 아니다. 미국 주식이 결국 상승할 수밖에 없는 몇 가지 강력하고 구조적인 이유가 존재하기 때문이다.

첫째, 자본주의 시스템의 본질인 '통화량 증가'와 '미국의 압도적인 지위'다.

앞서 살펴보았듯, 현대 자본주의 시스템하에서 돈의 양, 즉 통화량은 구조적으로 계속해서 늘어날 수밖에 없다. 은행의 신용 창조와 정부 및 중앙은행의 통화 정책은 시중에 끊임없이 새로운 돈을 공급한다. 이 늘어난 유동성으로 인해 가만히 있으면 돈의 가치가 하락하기에, 투자자들은 보유한 돈의 가치를 지키고 불려 줄 투자처를 찾아 전 세계를 헤맨다. 그리고 그 자본이 가장 선호하는 최종 목적지는 바로 미국이다.

미국은 전 세계 금융 시장에서 절대적인 비중을 차지하는 세계 금융의 심장부다. 세계 경제의 기축통화인 달러를 발행하는 유일한 국가이며, 가장 크고, 깊고, 투명한 시장을 보유하고 있다. 따라서 전 세계에서 새로 창출된 부와 투자 자금은 가장 안전하면서도 강력한 성장 엔진을 갖춘 미국, 특히 미국 주식 시장으로 몰려든다. 이는 마치 모든 강물이 바다로 흘러들듯, 미국 주식의 가치를 꾸준히 밀어 올리는 가장 근본적인 힘이다.

둘째, 비교 불가능한 '혁신'과 '가치 창출 능력'이다.

인류의 삶을 획기적으로 변화시킨 위대한 발명과 혁신은 역사적으로 미국에서 비롯된 경우가 많았다. 전화, 비행기, 인터넷, 스마트폰 등 과거의 혁신은 물론, 현재와 미래를 이끌어갈 인공지능(AI), 생명공학, 클라우드 컴퓨팅, 우주 산업 등 거의 모든 첨단 분야에서 미국 기업들은 핵심 기술과 특허를 선점하며 시장을 주도하고 있다. 중요한 것은 이러한 기술 혁신이 단순히 구호에 그치지 않고, 실제적인 생산성 향상과 막대한 부가가치 창출로 이어진다는 점이다. 이는 곧 기업의 이익 증가로 나타나며, 주가는 결국 기업이 창출하는 이익을 반영하게 된다. 전 세계에서 가장 혁신적이고 압도적인 가치를 만들어내는 미국 기업들의 주가가 장기적으로 상승하는 것은 지극히 당연한 결과다.

셋째, 세계 유일의 기축통화 '달러'의 힘이다.

미국 주식은 달러로 거래된다. 달러는 전 세계 무역 결제의 약 80% 이상을 차지하고, 모든 국가가 비축하는 명실상부한 세계 제1의 통화다. 이는 전 세계 모든 경제 주체(국가, 기업, 개인)가 달러를 필요로 한다는 것을 의미한다. 심지어 경제 위기가 발생하면, 사람들은 가장 안전한 자산인 달러를 찾는다. 이처럼 달러에 대한 끊임없는 수요는 달러 자산, 특히 미국 주식 시장에 강력한 '기본 수요'를 제공한다. 투자자들은 달러를 보유하면서 동시에 인플레이션을 헤지(Hedge: 위험대비)하고 자산을 성장시킬 수 있는 가장 효율적인 방법으로 미국 주식을 선택한다. 달러의 이러한 독점적인 지위는 미국 주식 시장의 안정성과 성장성을 뒷받침하는 든든한 방패다.

이처럼 계속 늘어나는 돈, 세상을 바꾸는 혁신, 그리고 달러의 독점적 지위라는 세 개의 강력한 축이 미국 주식 시장을 떠

받치고 있다. 물론 앞으로도 경제 위기나 지정학적 리스크 등 예상치 못한 변수로 인한 단기적인 주가 하락은 피할 수 없을 것이다. 하지만 이 거대한 구조적 흐름 속에서 미국 주식은 결국 모든 위기를 극복하고 상승의 역사를 이어왔다. 우리가 해야 할 일은 이 거대한 호랑이의 등에 올라타, 단기적인 포효에 놀라 뛰어내리지 않고 목적지까지 함께 가는 것이다.

| 미국 주식 : 장기 복무 군인을 위한 최적의 투자처

앞서 미국 주식이 장기적으로 우상향할 수밖에 없는 구조적인 이유들을 살펴보았다. 여기에 '장기 복무 군인'이라는 특별한 조건을 더하면 엄청난 결과를 만들어낼 수 있다. 장기 복무 군인에게 미국 주식만큼 최적의 투자처는 없다. 그 이유는 미국 주식 자체가 가진 강력한 성장 잠재력과 더불어, 오직 군인이기에 누릴 수 있는 독특하고 유리한 환경적 이점들이 완벽한 시너지를 내기 때문이다.

첫째, 미국 주식은 장기적으로 우상향한다.

이는 미국 주식 투자를 결정하는데 가장 근본적인 대전제다. 늘어나는 통화량, 압도적인 혁신, 기축통화 달러의 힘. 이 세 가지 강력한 엔진은 미국 주식이라는 거대한 배가 수많은 파도를 헤치고 결국에는 상승의 항구에 도달하게 만드는 힘이다. 우리는 이 강력한 흐름에 올라타기만 하면 된다.

둘째, 군인은 '끊이지 않는 현금 창출'이 가능하다.

장기 복무 군인의 가장 큰 무기 중 하나는 바로 압도적인 직업 안정성이다. 경기가 어렵다고, 회사가 어렵다고 갑자기 해고 통보를 받을 걱정이 없다. 이는 본인이 전역을 결심하지만 않는다면 복무 기간 내내, 매달 정해진 날짜에 어김없이 급여를 받는다는 의미다.

투자에 있어 이 '꾸준하고 예측 가능한 현금 흐름'은 그 어떤 기술적 분석보다 강력한 힘을 발휘한다. 시장이 폭락하여 모두가 공포에 질려 매도할 때도, 우리는 다음 달 급여로 헐값에 우량 주식을 주워 담을 수 있다. 생계 때문에, 혹은 실직 때문에 어쩔 수 없이 손실을 보며 주식을 팔아야 할 위험이 현저히 낮다. 이는 마음 편히 장기 투자를 이어갈 수 있는 최고의 무기다.

셋째, '주거비 절감'이라는 막강한 혜택이 있다.

대한민국에서 살아가는 대부분의 직장인에게 '주거비'는 급여의 상당 부분을 차지하는 가장 큰 부담이다. 하지만 군인은 이 부담에서 비교적 자유롭다. 기혼자를 위한 관사나 독신 간부를 위한 숙소(BOQ: Bachelor Officers' Quarters) 덕분에 주거비용을 획기적으로 아낄 수 있다. 이렇게 절약한 주거비는 단순한 푼돈이 아니다. 이는 매달 꾸준히 투자할 수 있는 강력한 실탄이 된다. 남들이 은행 대출 이자나 월세를 내는 동안, 직업군인은 알파벳, 마이크로소프트와 같은 세계 최고 기업의 주주가 될 수 있다. 이 차이가 10년, 20년 쌓이면 상상 이상의 복리 효과로 돌아온다.

넷째, '군인 연금'이라는 노후 안전망이다.

물론 최근 저출산 고령화 문제로 인해 연금 개혁에 대한 논의가 뜨겁고, 미래 수령액이 줄어들 수도 있다는 우려가 있는 것은 사실이다. 하지만 연금 수령액이 줄어들지언정, 군인 연금이라는 시스템 자체가 완전히 사라지지는 않을 것이다. 이는 직업군인에게는 최소한의 노후 안전망이 보장된다는 뜻이다. 이 안전망 덕분에, 군인은 다른 투자자들보다 조금 더 높은 위험을 감수할 수 있다. 즉, 노후 자금의 상당 부분을 안정성에만 묶어둘 필요 없이, 성장성이 훨씬 높은 미국 주식, 심지어는 필요하다면 레버리지 상품까지도 더욱 공격적으로 활용할 수 있는 심리적, 실질적 여유를 확보하게 된다.

다섯째, '다양한 복지 혜택'을 활용한 투자금 확보다.

군 단체 보험은 민간 보험에 비해 훨씬 저렴한 비용으로 폭넓은 보장을 제공한다. 이를 잘 활용하면 불필요한 보험료 지출을 크게 줄일 수 있다. BX(PX) 이용을 통한 생필품 비용 절감 등 군인이기에 누릴 수 있는 다양한 혜택들은 생활비를 아끼는 데 실질적인 도움을 준다. 비록 소액일지라도 이렇게 아낀 돈들이 꾸준히 미국 주식에 재투자된다면 무시할 수 없는 규모의 자산으로 성장할 것이다.

결론적으로, 장기 복무 군인은 '안정적인 현금 흐름', '주거비 절감', '기본적인 노후 보장', '다양한 복지 혜택'이라는,

투자에 있어 유리한 고지를 점하고 있다. 여기에 장기 우상향하는 미국 주식이라는 최고의 무기를 결합한다면, 직업군인은 그 누구보다 성공적으로 경제적 자유를 향해 나아갈 수 있다. 직업군인으로서 국가의 안위를 지키는 동시에, 주어진 상황을 현명하게 활용하여 나와 내 가족의 미래까지 든든하게 지켜낼 수 있을 것이다.

| 지난 10년, QQQ 적립식 투자의 놀라운 결과

미국 주식은 우상향하고, 군인은 투자에 유리한 환경을 가진 것을 앞에서 확인했다. 만약 이 사실을 일찌감치 깨달은 똑똑한 군인이 지난 10년 동안 나스닥 100 지수를 추종하는 대표 ETF인 QQQ에 꾸준히 투자했다면, 자산은 얼마나 불어났을까? 이를 확인하기 위해 2015년 5월부터 2025년 5월까지 정확히 10년간, 매월 100만 원씩 QQQ에 투자했을 경우를 '포트폴리오 비주얼라이저 www.portfoliovisualizer.com' 사이트에서 백테스트했다. 계산 편의를 위해 환율은 해당 기간의 평균 환율인 1,210원을 일괄 적용했다. 그 결과 투자 원금 1억 2천만 원이

2억 8,700만 원으로 불어난 것을 확인할 수 있었다.

<2015~2025, 나스닥100(QQQ) 10년 그래프. 출처 : 인베스팅닷컴>

우리는 이 숫자가 만들어진 지난 10년을 기억해야 한다. 이 기간에는 2018년 미·중 무역 분쟁, 2020년의 코로나 팬데믹, 그리고 우리 모두를 고통스럽게 했던 2022년의 금리 인상과 하락장이 모두 포함되어 있다. 하지만 그 모든 풍파 속에서도 시장을 떠나지 않고, 묵묵히 기계적으로 원칙을 지키며 투자했을 때, 시간과 복리는 경이로운 결과를 만들어냈다.

이것은 과거의 데이터가 아니다. 이 결과는 군인이 가진 장점들을 활용했을 때 충분히 손에 쥘 수 있는 미래의 모습이다. 안정적인 급여와 저렴한 주거비 등 강력한 무기를 가지고 미국 주식이라는 최고의 자산과 함께한다면, 10년 뒤 당신의 계좌에는 상상 이상의 숫자가 찍혀 있을 것이다.

나는 지난 10년간 납부한 군인 공제회를 해지하며, 매월 75만 원씩 납부한 9천만 원의 원금에 이자 천만 원을 더한 1억 원을 받았을 뿐이다. 백테스트 결과를 보니 지난 10년이 더욱 아쉽게만 느껴진다.

원칙 5. 책을 읽어라

"부자들의 취미 중 단연 1순위는 독서다."

모든 부자는 책을 가까이한다. 독서는 저자의 지식과 경험을 가장 빠르고, 저렴하게 획득할 수 있는 수단이다. 이 사실을 깨닫고, 나는 책을 통해 타인의 경험과 지식을 끊임없이 레버리지하기 위해 노력하고 있다.

2020년부터 독서 기록을 정리하고 있는데, 그동안 책을 멀리하던 내가 4년 만에 100권이 넘는 책을 읽게 되었다. 책을 읽되 '많이 읽겠다'는 생각으로 독서량에만 매몰되지 않기 위해 노력했다. 단순 독서량보다는 질을 중시하며, 책의 여백에 나의 생각 등을 메모하면서 내실 있는 독서를 추구했다. 내가 독서를 통해 얻은 가장 큰 성과는 바로 독서를 통해 행동의 변화를 이끌어냈다는 것이다.

독서를 통해 늘 대중과 반대로 생각하는 습관을 갖게 되었고, 실제로 좋은 투자 성과로 이어졌다. 또한, 변화를 두려워해서는 안 된다는 사실을 깨달은 이후로는 새로운 도전을 즐기게 되었다. 최근에는 군 생활 중 처음으로 국가기술자격검정에 응시하여 굴착기 자격증까지 취득했다. 이처럼 독서 덕분에 크고 작은 성취감을 맛보고 있으며, 이러한 작은 승리의 경험이 모여 결국 더 큰 성취로 이어질 것이라 믿는다.

| -30%의 공포, 그리고 책 속에서 찾은 확신

2022년 11월, 시장의 하락이 절정에 다다랐을 때 내 계좌의 평가액은 원금에서 3천만 원이 증발해 있었고, 이는 당시 원금 대비 -30%라는 뼈아픈 손실률이었다. 이론으로만 알던 원금 손실의 공포를 직접 느껴보니, 장기 투자의 길이 쉬운 길이 아니라는 것을 비로소 알 수 있었다. 그때나 지금이나 나에게 3천만 원이라는 돈은 절대로 적은 돈이 아니다. 급여의 상당 부분을 오랜 시간 모아야만 채울 수 있는 그 돈이 눈앞에서 사라지고 있다는 사실을 견디기는 정말 쉽지 않았다.

하지만 나는 다시 책을 펼쳤다. 필립 피셔, 피터 린치, 워런 버핏... 투자의 거장들이 과거 수많은 위기를 어떻게 극복했는지 다시 읽고 또 읽었다. 독서를 통해 수많은 전쟁과 역병, 금융위기 속에서도 결국 우상향해 온 미국 주식 시장의 역사와 그 저력에 대한 확신은 점점 더 강해졌다. 그 덕분에 나는 더 이상 시장에서 도망치거나 심리적으로 크게 흔들리지 않고, 하락한 계좌를 덤덤하게 마주하며 투자를 이어갈 용기를 얻을 수 있었다.

내 인생을 바꾼 추천 도서 목록

《위대한 기업에 투자하라》, 필립 피셔 | 굿모닝 북스

《보수적인 투자자는 마음이 편하다》, 필립 피셔 | 굿모닝 북스

《월가의 영웅》, 피터 린치 | 국일증권경제연구소

《피터 린치의 투자 이야기》, 피터 린치 | 흐름출판

《피터 린치의 이기는 투자》, 피터 린치 | 흐름출판

《보도 섀퍼의 돈》, 보도 섀퍼 | 북플러스

《돈의 심리학》, 모건 하우절 | 인플루엔셜

《EBS, 자본주의》, EBS 자본주의 제작팀 | 가나출판사

《부의 추월차선》, 엠제이 드마코 | 토트출판사

《댄 애리얼리 부의 감각》, 댄 애리얼리 | 청림출판

《이웃집 백만장자》, 토머스 J 스탠리 | 리드리드출판

《부자의 그릇》, 이즈미 마사토 | 다산북스

《부자의 언어》, 존 소포릭 | 윌북

《워런버핏 바이블》, 워런 버핏, 리처드 코너스 | 에프엔미디어

《찰리멍거 바이블》, 이건, 김재현 | 에프엔미디어

《부자 아빠 가난한 아빠》, 로버트 기요사키 | 민음인

《돈, 뜨겁게 사랑하고 차갑게 다루어라》, 앙드레 코스톨라니 | 미래의창

《월급쟁이 부자로 은퇴하라》, 너나위 | 알에이치코리아

《운명을 바꾸는 부동산 투자 수업》, 정태익 | 리더스북

《비겁한 돈》, 황현희, 제갈현열 | 한빛비즈

《주식시장의 17가지 미신》, 켄 피셔 | 페이지2북스

《돈의 속성》, 김승호 | 스노우폭스북스

《부의 본능》, 브라운스톤 | 토트출판사

《부의 인문학》, 브라운스톤 | 오픈마인드

《군인은 어떻게 부자가 될 수 있을까》, Rich Bee | 드림벙커

《군인 월급으로 재테크 성공한 11명의 이야기》, 최원순 외 | 드림벙커

원칙 6. 개인 투자자의 강점을 이용하라

"나는 언제나 아마추어처럼 생각하려고 노력한다."
-피터 린치-

많은 개인 투자자들이 '기관 투자자에게는 절대 당해낼 수 없다'는 패배감을 안고 있다. 뉴스에서 대형 펀드 매니저들의 움직임이나 외국인 투자자의 매수·매도 패턴이 보도될 때면, '나는 그저 따라가는 처지일 뿐'이라는 무력감에 빠지기 쉽다. 그러나 실제로는 그렇지 않다. 개인 투자자에게는 기관 투자자에게 없는 막강한 무기들이 있다. 문제는 그 사실을 모른 채 자신에게 있는 장점을 전혀 활용하지 못하고 있다는 점이다. 개인 투자자로서 우리 스스로를 '정보도 부족하고, 작고, 약한 존재'라고 여기며 불리한 게임을 하고 있다고 착각해서는 안 된다. 개인 투자자는 누구보다 유연하고, 빠르고, 깊이 있게 움직일 수 있는 독립된 투자자다. 중요한 것은 이러한 자기만의 장점을 인식하고, 이를 십분 활용해 수익을 극대화하는 자신만의 전략을 갖는 것이다.

| 단기 실적 압박에서 자유로운 개인 투자자

"S&P500, 나스닥 등의 미국 주식 종합지수가 10년, 20년 후에는 오늘보다 올라가 있을 것을 확신할 수 있지만, 다음 주나 1년 후에는 어떻게 되어 있을지 누구도 알 수 없다."

기관 투자자는 막대한 자금과 정보력을 바탕으로 투자하지만, 동시에 단기 성과 압박이라는 족쇄를 안고 있다. 고객의 기대, 상사의 압박, 그리고 분기마다 제출해야 하는 성과 보고서 앞에서 그들은 종종 자신만의 투자 철학을 버린다. 그 결과 장기적인 안목보다는 당장의 성과를 쫓아 매매를 반복하게 되고, 때로는 손실을 감수하면서도 어쩔 수 없이 포지션을 정리해야 하는 상황에 직면하기도 한다.

반면 개인 투자자는 이러한 제약에서 철저히 자유롭다. 누구의 눈치를 볼 필요도 없고, 분기마다 실적을 증명해야 할 이

유도 없다. 특히 장기 복무 중인 군인이라면, 매월 안정적인 현금흐름이 확보되어 있고, 투자의 시간도 10년 이상 길게 확보되어 있다. 나 역시 본업에 집중하면서도, 매월 적립식으로 우량 주식을 매수하고 있다. 단기적인 주가 변동에 신경 쓰지 않고, 오히려 시간이 가져다주는 복리의 마법을 믿고 천천히 기다릴 수 있다.

이처럼 장기적 안목에서의 시간 활용은 개인 투자자를 기관 투자자보다 유리하게 만드는 가장 결정적인 무기가 된다.

| 종목 선정의 유연함과 일상 속 투자 아이디어

기관 투자자는 종목 선정에서도 자유롭지 않다. 특정 기업에 투자하기 위해서는 내부 심사를 거쳐야 하며 다른 대형 기관이나 전문가의 긍정적인 평가가 뒷받침되어야만 한다. 이런 제한은 새로운 기업이나 아직 대중적으로 주목받지 못한 기업에 대한 투자를 어렵게 만든다.

반대로 개인 투자자는 훨씬 유연하고 빠르게 종목을 선정

할 수 있다. 상식과 직관에 따라 스스로 조사하고 판단한 기업에 투자할 수 있다. 특별한 승인 절차도 없고, 누구의 평가를 기다릴 필요도 없다.

예를 들어, 내가 처음으로 알파벳(구글), 엔비디아, 마이크로소프트 같은 기업에 주목하게 된 계기도 일상에서의 경험이었다. 매일 출퇴근길에 사용하는 유튜브, 게임용 컴퓨터를 조립하며 실감하게 된 그래픽카드 시장에서 엔비디아의 위상, 업무 효율화를 위해 널리 사용되는 MS 윈도우의 점유율을 보며 '이 기업들은 앞으로도 성장하겠구나'라고 확신을 얻었다. 이러한 직관은 실제로 좋은 투자 수익으로 연결되었다.

개인 투자자는 무엇보다 생활 밀착형 투자 아이디어에 강하다. 우리가 매일 쓰는 제품, 사용하는 앱, 자주 가는 매장에 어떤 기업이 있는지를 살피는 것만으로도 충분히 뛰어난 종목을 발굴할 수 있다. 이러한 종목 선정의 자유와 민첩성을 통해 개인 투자자는 기관투자자보다 더 좋은 성과를 거둘 수 있다.

원칙 7. 돈 그릇을 키워라

> "사람에게는 각자 자신이 다룰 수 있는 돈의 크기가 있다."
> - 『부자의 그릇』 中

사람에게는 각자 감당할 수 있는 돈의 크기가 있다. 이는 단순한 경제적 수치가 아니라 심리적, 감정적, 그리고 돈을 대하는 태도의 문제다. 준비되지 않은 사람에게 갑자기 생긴 큰돈은 오히려 혼란과 불안을 불러온다. 예기치 않게 생긴 거액이 오히려 삶을 망가뜨리는 사례는 셀 수 없이 많다. 어린아이에게 10억 원을 주었을 때, 그것을 제대로 활용하거나 지켜내기 어려운 것처럼 말이다.

돈은 그만한 그릇을 가진 사람에게 흘러 들어가고, 편안하게 머문다. 그릇이 작고 불안한 사람에게는 돈도 불안해서 쉽게 빠져나간다. 결국 돈을 오래 머물게 하고, 더 많이 불러들이기 위해서는 그릇을 먼저 준비해야 한다. 돈보다 먼저, 그릇을 키워야 하는 이유가 여기에 있다.

| 나의 그릇을 시험받은 순간

주식 투자를 통해 금융 자산이 5억 원을 넘어서던 시점 '돈의 그릇'의 실체를 처음 실감했다. 자산의 규모가 조금 커졌다고 머릿속에서 '이쯤에서 매도하고 이익을 확정하고 싶다'는 강한 유혹이 피어올랐다. 수익을 지키려는 불안감, 이 정도면 충분하다는 안도감이 나를 끊임없이 흔들었다. 하지만 그때, 『부자의 그릇』에서 읽은 "돈은 그 크기만큼의 그릇을 가진 사람에게 모인다"는 문장이 떠올랐다.

나의 목표는 1,500억 원의 자산을 이루는 것인데 고작 5억 원 앞에서 이렇게 흔들리는 모습은 나의 돈 그릇이 겨우 이 정도 크기밖에 안 된다는 것을 스스로 인정하는 꼴이었다. 이 정도 성과에 안주하려는 스스로에게 화가 났고, 이 유혹에 굴복할 수 없었다. 나의 원대한 목표에 비하면 5억 원은 스쳐 지나가는 과정일 뿐이다. 여기서 만족하고 매도 버튼을 누르는 것은, 나의 장기투자 계획과 신념을 스스로 배신하는 행위였다. 나는 내 그릇을 증명하는 것을 넘어, 이 경험을 통해 나의 돈 그릇을 더 넓게 확장하기 위해 투자를 계속 이어 나가기로 굳게 다짐했다.

돈의 그릇은 경험으로 확장된다

돈의 그릇은 타고나는 것이 아니다. 그것은 우리가 살아가며 돈을 어떻게 다뤘는지, 돈 앞에서 어떤 선택을 해왔는지, 수많은 유혹과 두려움 속에서 어떤 태도를 견지했는지에 따라 서서히 확장된다. 소액으로 시작해 자산을 조금씩 불려 나가고, 그 과정에서 찾아오는 수익의 기쁨과 손실의 고통, 그리고 유혹의 순간들을 온몸으로 겪어내고 이겨내는 경험이 쌓일 때, 당신의 그릇은 자신도 모르는 사이에 점점 더 단단하고 커져 있을 것이다.

처음 주식을 시작했을 때를 떠올려보면 몇만 원, 몇십만 원의 수익에 심장이 뛰었고, 몇 퍼센트의 손실에 밤잠을 설쳤다. 하지만 그런 과정을 반복하다 보니, 어느 순간부터 수익에도 들뜨지 않고 손실에도 평정심을 잃지 않게 되었다. 감정의 진폭이 줄어드는 그 시점, 바로 그때 당신의 돈 그릇은 한층 성장하게 된다. 이처럼 돈의 그릇은 단순히 더 많은 자산을 갖는 것이 아니라, 돈을 다루는 능력과 태도를 의미한다. 천만 원을 잃고도 태연한 사람이 있는가 하면, 십만 원의 손실에도 무너지는 사람이 있다. 이는 돈의 크기보다 돈에 대한 자신감과 내면의 견고함이 다르기 때문이다. 작은 돈을 다루며 겪는 감정의 파도 속에서 중심을 잡는 경험이 쌓일 때, 비로소 우리는 더 큰 돈을 품을 수 있는 사람이 된다. 큰돈을 다룰 수 있는 사람은 갑자기 만들어지지 않는다. 그릇이 준비되지 않았는데 갑자기 큰돈이 들어오면, 대부분은 그 돈을 다루지 못하고 무너지게 된다.

나 역시 처음부터 수천만 원, 수억 원을 굴린 것이 아니다. 수십만 원, 백만 원 단위의 소액 투자를 반복하며, 이익이 났을 땐 기쁨을 절제하는 법을 배웠고, 손실이 났을 땐 침착하게 원인을 분석하는 태도를 익혔다. 돈은 감정적으로 준비된 만큼만 머무른다는 것을 깨달으며, 돈에 대한 나의 감정적 내구도는 서서히 강화되었다.

이 글을 읽는 당신도, 지금은 작은 돈으로 시작하고 있을지 모르지만 그 과정은 절대로 사소하지 않다. 수십만 원의 ETF 투자, 매달 10만 원씩의 적립식 매수도 훌륭한 훈련이 된다. 적은 금액부터 신중하게 다루며, 돈에 대한 이해를 쌓고 감정을 다스릴 줄 아는 사람만이 더 큰 자산이 모였을 때 그 돈을 지킬 수 있다.

지금 당신의 돈 그릇은 얼마짜리인가? 중요한 건 현재의 크기가 아니라, 앞으로 담고 싶은 목표만큼 키워가고 있느냐는 점이다. 결국 돈은 그릇이 준비된 사람에게만 찾아오기 때문이다.

네이버 카페 리치군인
함께 하는 재테크 스터디

군인과 가족들에게 필요한 지식을 진심으로 나눕니다.
<도서출판 드림벙커>

3장. 마음 편한
투자를 위한 필수 지식

이게 되네?! 투자시작 첫 해 31%의 수익률

　호기롭게 시작했던 나의 첫 실전 투자. 2020년 9월부터 2021년 말까지, 약 1년 3개월간의 투자 기간을 결산해 보니, 나의 계좌에는 31%라는 수익률이 찍혀 있었다. 저축과 적금만으로는 상상할 수 없었던 결과였다. 투자가 정답이라는 사실을 나는 온몸으로 직접 경험하고 깨우치게 되었다.

　그리고 나는 결심했다. 나의 남은 인생을 미국 주식 투자에 걸어야겠다고.

| 나의 투자 초기 관심종목

　국내 주식으로 주식 투자를 시작했지만 단타거래로 큰 손해를 본 후 더 이상의 국내주식 투자는 하지 않았다. 보유하던 국내주식을 모두 팔고 나는 늘 마음속으로만 생각했던 미국 주식에 장기 투자하기로 결심했다. 내가 최초로 매수한 미국 주식은 알파벳(구글)이었다.

2016년, 이세돌 9단과 알파고의 세기의 바둑 대결을 TV로 숨죽이며 지켜보던 그 순간부터, 앞으로는 AI의 시대가 올 것이라는 막연한 확신이 내 안에 자리 잡고 있었다. 하지만 안타깝게도 당시에는 이러한 생각이 실제 투자로 이어지지 못했다. 그러던 중 결혼이라는 인생의 큰 변화를 앞두고서야 비로소 투자에 입문하며 알파벳의 주주가 되었다. 만약 2016년부터 일찍이 알파벳 주식을 사 모았다면 지금의 수익률은 상상도 할 수 없을 만큼 높았을 것이다. 혹시 결혼을 결심한 군인이 이 글을 읽고 있다면, 최대한 빨리 그 결정을 실행에 옮기라고 조언하고 싶다. 결혼은 생각보다 많은 것을 긍정적으로 바꿔 놓을 수 있기 때문이다.

이어서 나는 마이크로소프트, 엔비디아, 아마존, 테슬라 등 평소 눈여겨보던 미국 우량주들을 차례로 매수했다. 종목별 매수 이유는 다음과 같다.

알파벳(구글): 다가올 AI 시대의 최대 수혜주가 될 것이라 판단했다. 구글 검색과 유튜브를 통해 전 세계로부터 축적한 막대한 데이터는 결국 AI 시대에 알파벳을 최종 승자로 만들 것이다. 무엇보다 내가 가장 애용하고 시간을 많이 보내는 유튜브를 알파벳이 소유하고 있다는 사실만으로도 투자가치는 충분했다.

마이크로소프트: 개인용 컴퓨터 운영체제 '윈도우'의 압도적인 시장 점유율을 보고 투자했다. 컴퓨터로 사무를 보는 현재의 방식이 근본적으로 바뀌지 않는 한, 윈도우는 계속해서 팔려나갈 것이기 때문이었다. 물론 맥북의 Mac OS도 훌륭하지만, 윈도우가 구축한 과점 체제는 쉽게 깨지지 않을 것이라 판단했다. 투자를 결심한 당시에는 AI 분야에서의 약진은 크게 기대하지 않았는데, 2023년에는 예상치 못하게 알파벳보다 AI 분야에서 더 뛰어난 성과를 보이며 내 계좌의 수익률을 높이는 데 크게 기여했다.

엔비디아: 2020년만 해도 엔비디아는 그저 우량한 게이밍 그래픽카드 회사 정도로 인식되었다. 하지만 게임을 조금이라도 좋아하는 사람이라면 알 것이다. 당시에도 엔비디아는 GPU_{Graphic Processor Unit} 분야에서 경쟁자가 없는 독점적 지위를 누리고 있었다. 나는 2015년 처음으로 직접 게임용 컴퓨터를 조립해 보

며 엔비디아 그래픽카드의 막강한 시장 장악력을 확인했고, 언젠가 이 회사에 꼭 투자해야겠다고 생각했다. 하지만 그 생각은 머릿속에만 머물다가 마찬가지로 결혼을 앞두고서야 행동으로 옮기게 되었다. '그때 그 생각을 바로 실행했더라면 어땠을까' 하는 아쉬움이 늘 크게 남는 종목이다.

엔비디아 투자는 평소 사용하는 제품이나 서비스가 괜찮다고 느껴지면, 그 기업에 투자하라는 피터 린치의 가르침을 실천해 본 좋은 경험이었다. 내가 좋아하는 제품의 제조사가 상장된 공개 기업임을 발견할 때마다 느끼는 짜릿함은 주식 투자자만이 누릴 수 있는 특권이다.

아마존: 내가 가장 자주 이용하는 해외 온라인 쇼핑몰이었기에 별다른 고민 없이 매수했다. 하지만 기업의 복잡한 사업 구조나 AWS Amazon Web Service 와 같은 다른 핵심 사업 모델에 대해 제대로 알지 못한 채 투자했기에 강한 확신이 없었고, 결국 얼마 지나지 않아 전부 매도하고 말았다.

테슬라: 나는 피터 린치의 가르침대로, 일상에서 내가 직접 경험해 본 제품이나 서비스가 괜찮으면 그 회사를 깊이 조사해 보고 투자하는 것을 원칙으로 삼았다. 하지만 테슬라는 예외였

다. 당시 나는 테슬라 자동차를 타본 적도 없었지만, '미래는 결국 전기 차의 시대가 될 것'이라는 막연한 예상과 일론 머스크라는 인물에 대한 관심만으로 투자했다.

| 역사가 증명하는 미국 주식의 잠재력

나는 내 돈의 가치를 지키기 위해 주식 투자를 결심했다. 그중에서도 미국 주식에 투자하기로 마음먹었다. 우리가 일상에서 사용하는 대부분의 제품과 기술이 미국에서 시작되었기 때문이다. 전화, 비행기, 인터넷, 스마트폰 등 세상을 바꾼 혁신의 중심에는 늘 미국이 있었다.

나는 매일 출퇴근길에 유튜브로 경제 방송을 듣고, Intel 사의 CPU가 탑재된 컴퓨터와, 마이크로소프트의 윈도우 운영체제로 업무를 본다. 이처럼 내 삶 곳곳에는 미국 기업이 만든 제품과 기술이 깊숙이 들어와 있다.

안타깝게도, 우리나라는 알파벳, 마이크로소프트, 엔비디아처럼 세계를 선도하는 혁신 기업이 없다. 글로벌 시장에서 중심보다는 주변부에 머물러 있다. 국내 시장 규모 자체가 작아 외국 자본의 영향력에서 자유롭지 못하다. 실제로 국내 증시의 시가총액을 모두 합쳐도 미국 대표 기술주 하나의 총액에 미치지 못한다.

반면, 미국 주식시장은 전 세계 자본이 몰리는 중심지이며, 그 안정성과 성장성 모두에서 독보적인 위상을 갖고 있다. 미국 직장인들은 401(k)라는 은퇴자금 계좌를 통해 주식에 장기 투자하며 노후를 대비한다. 미국 주가의 하락은 곧 미국인의 노후가 위협받는다는 뜻이고, 이는 미국 정부와 정치권에 심각한 리스크가 될 수 있다. 그래서 미국 정부는 주식 시장을 일정 수준 이상으로 유지해야 할 필요가 있다. 미국이라는 국가가 존속하는 한 401(k) 시스템도 유지될 것이며 이는 미국 주식시장의 우상향 가능성을 뒷받침해 주는 중요한 근거다.

역사도 이를 증명한다. 미국 주식시장은 지난 200년간 대공황, 두 차례의 세계대전, 9·11 테러, 금융위기 등 수많은 위기에도 불구하고 결국 꾸준히 신고가를 경신해 왔다.

미국은 필요하다면 게임의 규칙마저 바꿔가며 자국의 패권을 지켜왔다. 금본위제 폐지, 플라자 합의 등은 모두 그 대표적인 사례다. 2025년 각국을 상대로 시행한 관세협상도 일례로 들 수 있을 것이다.

나는 앞으로도 미국의 패권이 쉽게 흔들리지 않을 것이라 믿는다. 그래서 미국이라는 '달리는 호랑이'의 등에 올라타 패권국의 성장과 함께 나의 자산도 성장할 수 있기를 기대하며 오늘도 미국 주식에 투자하고 있다.

실전 투자 준비하기

지금까지의 내용을 통해 투자의 필요성을 느꼈다면 이제는 실전으로 나아갈 시간이다. 전쟁에 나서기 전 철저한 작전 계획과 훈련이 필요하듯, 성공적인 투자 역시 신중한 준비 과정을 요구한다. 이 장에서는 실제 첫 주식을 매수하기까지의 모든 과정을 구체적으로 안내한다. 종목 검색부터 매수 주문까지, 주식 투자 과정이 얼마나 간단한지 직접 확인할 수 있을 것이다.

| 증권사 선택부터 첫 매수까지

증권사 선택과 계좌 개설

주식 투자를 결심했다면 거래를 위한 계좌부터 개설해야

한다. 군인의 급여계좌는 대부분 KB다. 나 역시 급여가 KB로 들어오다 보니 깊이 생각하지 않고 증권계좌도 KB 증권에 만들었다. 급여계좌와 연계하여 사용하면 각종 혜택이 있겠다는 생각에 KB증권을 사용했지만, 쓰다 보니 수수료 등 각종 혜택이 타사보다 못한 것을 알게 되었다. 증권사마다 거래 수수료, 환전 수수료 우대, 신규 고객 이벤트 등 혜택이 천차만별이므로, 본인이 받을 수 있는 혜택을 꼼꼼하게 따져본 후 가장 유리한 증권사를 선택해야 한다.

내가 증권사를 바꿀 때 고려했던 요소들은 거래 수수료, 환전 수수료 등 비용적 측면이었다. 종합적으로 고려한 결과 24년 당시 삼성증권의 신규 회원 대상 혜택이 가장 좋아 증권사를 바꿨다.

증권계좌를 만들기 위해 직접 증권사를 방문할 필요는 없다. 요즘은 스마트폰만 있으면 어디서든 증권계좌를 개설할 수 있다.

증권사 선택 및 앱 설치: 신규 고객 이벤트를 비교하여 가장 혜택이 큰 증권사를 선택하고, 해당 증권사의 앱을 스마트폰에 설치한다.

계좌 개설 진행: 앱의 '계좌 개설하기' 메뉴를 따라 진행하면 된다. 본인 명의 스마트폰, 신분증, 본인 명의 은행 계좌만 준비하면 된다.

계좌 종류 선택: 일반적으로 ISA, 국내/해외주식, CMA 계좌를 한 번에 개설하도록 안내하는데, 각 계좌의 특징을 이해하고 선택하는 것이 좋다.

- **국내/해외주식 계좌**: 미국 주식 거래를 위해 꼭 필요한 기본 계좌다.

- **CMA**: 주식 매수를 위한 현금을 잠시 보관하는 파킹 통장이다. 하루만 맡겨도 약간의 이자가 지급되므로 유용하게 활용할 수 있다.

- **ISA** 개인종합자산관리계좌: 다양한 금융상품을 한 계좌에서 운용하며 세제 혜택을 받는 계좌다. 하지만 국내 주식 및 국내 상장 ETF에만 혜택이 적용되므로, 미국 주식에 직접 투자하는 나에게는 맞지 않아 활용하지 않고 있다. 각자의 투자 대상과 세금 혜택 등을 잘 따져보고 활용 여부를 판단해야 한다.

항목	ISA 간접투자	미국주식 직접투자
투자 대상	국내 상장 ETF (개별 주식 투자 불가)	미국 상장 개별 주식 및 ETF
환전	불필요	필요
투자한도	연 2천만 원 (5년간 최대 1억 원)	한도 없음
세금	수익의 200~400만 원 비과세 [초과분은 9.9% 분리과세] (3년 의무가입)	수익의 250만 원 비과세 [초과분은 양도소득세 22%]
투자 자유도	낮음	높음

<ISA 간접투자, 미국 주식 직접투자 비교>

투자 성향 분석 및 광고 수신: 계좌 개설 막바지에 투자 성향 분석 설문을 진행하는데, 이는 증권사가 상품을 추천하기 위한 목적이 크다. 광고성 정보 수신은 '미동의' 하기를 강력히 권한다. 투자는 타인의 권유가 아닌, 자신의 소신과 원칙대로 해야 한다. 타인이나 증권사의 권유에 의한 투자로 좋은 성과를 기대할 수 없다. 증권사의 추천은 잦은 매매를 유도하여 증권사의 배를 불리기 위한 것이니 증권사의 추천은 듣지 않아도 된다. 여기까지 마치면, 당신의 이름으로 된 첫 투자 계좌 개설이 완료된다.

| 개별주식 vs ETF

계좌를 성공적으로 개설했다면 이제 어떤 종목을 매수할지 결정해야 한다. 일반적으로는 기업의 개별 주식을 매수하거나, 자산운용사에서 운용하는 ETF Exchange Traded Fund, 상장지수펀드에 투자하는 방법이 있다.

개별주식: 테슬라, 애플, 엔비디아처럼 특정 기업의 주식을 직접 매수하는 것이다. 기업 선택에 성공하면 ETF에서는 기대하기 힘든 폭발적인 수익을 얻을 수 있지만, 반대로 해당 기업에 문제가 생기면 큰 손실을 보거나 최악의 경우 상장폐지로 보유한 주식의 가치가 휴지조각이 될 수도 있다. 고수익/고위험 방식이므로, 철저한 분석과 지속적인 관심이 필요하다.

ETF: S&P500 지수(SPY)나 나스닥 100 지수(QQQ)처럼 특정 지수나 산업에 속한 수십, 수백 개의 기업을 한 번에 사는 것이다. 여러 기업에 자동으로 분산 투자되기에 개별 기업 리스크가 크게 줄어들고, 시장의 성장에 따라 장기적으로 안정적인 수익을 기대할 수 있다. 또한, 실적이 부진한 기업은 주기적으로 제외되고 유망한 기업이 새로 편입되는 자동 리밸런싱 기능까지 갖추고 있어 투자에 익숙하지 않은 초보자에게 특히 적

합하다. 물론 이러한 운용의 대가로 ETF 운용사에 소정의 운용비용을 지급해야 하지만, 직접 기업을 분석하고 포트폴리오를 관리하는 수고를 덜 수 있다는 점에서 충분히 매력적인 대안이라 할 수 있다.

나 역시 투자 초기에는 알파벳, 엔비디아 등 내가 확신하는 개별기업에 직접 투자했다. 한 종목이 급등할 때의 짜릿함은 ETF에서는 느끼기 어려운 경험이다. 하지만 시간이 지날수록 개별 기업의 실적 발표, 경쟁사 동향, 정책 이슈 등 끊임없이 체크해야 할 요소들이 많다는 점에서 점차 피로감을 느꼈다. 그래서 분석의 부담을 덜고, 더 장기적인 관점에서 안정적인 수익을 추구하기 위해 ETF 중심의 투자로 방향을 전환했다.

ETF는 단기간에 높은 수익을 기대하긴 어렵지만, 그만큼 위험도 낮고 마음도 편하다. 지금은 기술주 기업 전체에 투자한다는 생각으로 TQQQ와 같은 ETF를 중심으로 꾸준히 투자하고 있다. 내가 직접 회사를 분석하지 않아도 되는 구조 속에서 꾸준하고 느긋하게 투자 생활을 이어가는 중이다.

| 실제 매수 따라 하기

매수할 종목을 결정했다면 이제 실제로 매수를 실행할 차례다. 주식 매매 자체는 전혀 복잡하지 않고, 대부분의 증권사 앱에서 절차는 비슷하다.

종목 검색 시 종목의 이름(예: 알파벳)이나 티커(Ticker)를 사용한다. 티커는 각 종목에 부여된 고유한 약어 코드로, 미국 주식 거래 시 사용된다. (예: 알파벳A→GOOGL, 마이크로소프트→MSFT, 엔비디아→NVDA)

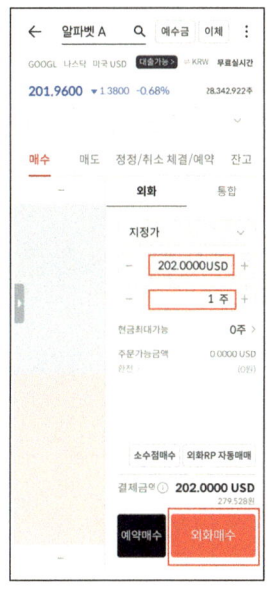 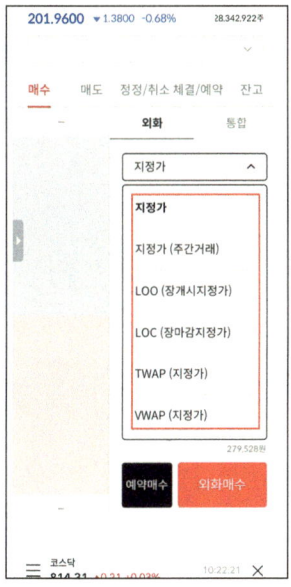

원하는 매수 가격과 수량을 지정하고 매수버튼을 선택한다. 매수 전 계좌 잔액이 충분한지 확인한다.

매수 방식에는 지정가, 장개시지정가, 장마감지정가 등 다양한 체결방식이 존재한다. 처음에는 목표 매수 가격을 직접 지정하는 기본 방식인 '지정가' 매수만 사용해도 충분하다.

마지막으로 매수 주문 확인 창을 통해 종목, 수량, 단가, 예상 수수료 등을 꼼꼼히 확인한 후 매수 주문을 선택하면 모든 절차가 완료된다. 이제 당신도 미국 주식의 주주가 된 것이다.

매수 주문 확인	
알파벳 A (GOOGL)	나스닥
계좌	
매매유형	외화
주문유형	지정가
수량	1주
단가	202.0000 USD
추정수수료(제세금별도)	0.51 USD
예상결제금액	202.51 USD
	(280,233원)
매수 주문 확인창 생략	⬤
취소	매수주문

하락장은 최고의 기회다

> "다른 사람이 탐욕을 부릴 때 두려워하고, 두려워할 때 탐욕을 부려라" −워런 버핏−

2020년, 수중에 있던 돈에 결혼 자금을 조금 보태 3,000만 원으로 첫 주식 투자를 시작했다. 운 좋게도 상승장에 투자를 시작한 덕분에 손쉽게 자산이 증식하는 경험부터 했다. 만 1년을 직접 투자해 보니 '이거다!' 하는 강한 확신을 갖게 되었고, 미국 주식에 나의 인생을 걸어보기로 결심했다. 나는 10년간 붓고 있던 군인 공제까지 해지하여 나의 전 재산이라 할 수 있는 1억 원을 주식 계좌에 모두 쏟아부었다. 하지만 운명의 장난인 듯, 전 재산을 걸자마자 거짓말처럼 2022년의 거대한 하락장이 시작되었다.

당시의 나처럼 준비가 되어있지 않은 사람에게 하락장은 공포의 순간이지만, 준비된 사람에게는 오히려 기회의 순간이 된다. 일반적으로 S&P500 지수가 고점에서 10% 빠지면 조정장, 20%는 하락장, 30%가 하락하면 폭락장이라 정의한다. 미국 주식 시장에서 하락장은 주기적으로 찾아오지만 언젠가는 회복하며 전고점을 뚫는다. 하락이 급하게 올수록 회복장 또한 가파르다. 독서를 통해 간접적으로 배웠고, 경험적으로도 이는 분명한 사실이었다. 시장이 충분히 하락한 상태에서 마침 보유한 현금이 많다면 하락장은 절호의 기회지만, 보유 현금이 적다면 아쉬움만 남긴 채 아무것도 할 수 없다.

나의 경험을 바탕으로 하락장을 맞이하게 되었을 때 군인이 활용하기 좋은, 투자금 마련을 위한 현금 확보방안을 추천한다.

| 하락장 판단하기

S&P500 지수가 최고 포인트 대비 20% 이상 하락했다면 공식적인 하락장의 지표이기에 이는 아주 좋은 매수 신호다.

여기에 더해 내가 주식을 매수할 때 참고하는 지표 중 하락장을 나타내는 가장 확실한 지표는 CNN에서 제공하는 공포/탐욕지수 Fear & Greed Index 다. 공탐지수가 Extreme Fear 극도의 공포를 가리킨다면 적극적으로 주식을 매수해야 한다.

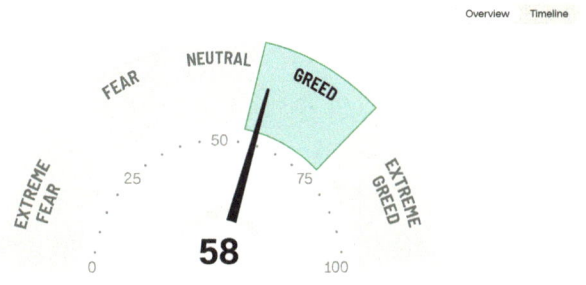

* 참고 : 공포와 탐욕지수 산출 근거 Fear & Greed Index

1. 주식 가격의 모멘텀: S&P 500이 125일 이동평균선보다 얼마나 위(또는 아래)에 있는지 측정. 이동평균선보다 위에 있을수록 탐욕을 의미

2. 주식 가격의 강도: 52주 신고가를 기록한 주식 수 대비 신저가를 기록한 주식 수. 신고가 주식의 비율이 높을수록 탐욕

3. 주식 가격의 폭넓음: 상승하는 종목과 하락하는 종목의 거래량 비교. 상승 종목의 거래량이 많을수록 탐욕

4. 옵션 시장의 수요: 풋옵션(하락 베팅) 대비 콜옵션(상승 베팅)의 비율. 높은 풋옵션 비율은 공포를, 낮은 비율은 탐욕을 의미

5. 시장 변동성: VIX 지수(변동성 지수)가 높을수록 공포, 낮을수록 탐욕

6. 안전자산 수요: 주식(S&P500) 대비 국채(20년 만기 미국채 ETF)의 수익률 비교. 국채 선호는 공포의 신호

7. 정크본드 수요: 정크본드(고위험 채권)와 국채 간의 수익률 차이. 정크본드를 더 선호하면 탐욕

이 지수는 단순히 하락장을 판단하는 용도를 넘어, 시장의 단기적인 과열과 침체를 파악하는 데 매우 유용하다. 예를 들어, 전체적인 상승장 속에서도 일시적인 조정으로 지수가 '공포'나 '극도의 공포' 단계에 진입한다면, 이는 훌륭한 분할 매수 기회가 될 수 있다. 반대로, 기나긴 하락장 속에서 나타나는 일시적인 반등으로 지수가 '탐욕' 단계에 들어선다면, 이는 섣부른 추격 매수를 경계해야 할 신호로 해석할 수 있다. 이처럼 대중의 심리를 역이용하여 매수 또는 관망의 시점을 조율하는

데 이 지표를 현명하게 활용할 수 있다.

▎군인 공제회 담보대출 활용하기

하락장을 맞이했다면 군인 공제에 묶여있는 현금을 활용하라. 나의 경우 투자금 확보를 위해 군인 공제를 해지했지만, 나중에 알아보니 군인 공제를 해지하지 않고도 목돈을 마련할 수 있는 방법이 있었다. 바로 '퇴직금담보대출'이었다.

이 제도를 활용해 군인 공제회에 차곡차곡 쌓아 온 퇴직급여금의 최대 95%까지 시중 금리보다 훨씬 저렴한 이율(약 4~5%)로 대출받을 수 있다. 그런데 이 대출의 진짜 '마법'은 다른 곳에 있다. 바로 대출을 받더라도 나의 원금(퇴직급여금)은 사라지지 않고, 계속해서 공제회의 복리 이자를 받으며 불어난다는 점이다. 즉, 내 목돈은 목돈대로 안전하게 복리로 굴러가게 놔두면서, 동시에 매우 낮은 비용으로 새로운 투자금을 마련할 수 있는, 그야말로 '일석이조'의 전략인 것이다.

게다가 중도상환 수수료도 없어 언제든 여유 자금이 생기면 부담 없이 갚을 수 있다. 설령 최악의 경우, 투자가 잘못되어 대출 상환이 어렵게 되더라도, 내 퇴직급여금으로 처리하면 되기 때문에 신용 불량의 위험이나 과도한 심리적 압박에서도 비교적 자유롭다.

하지만 이것 하나만은 꼭 명심해야 한다. 이 대출금은 '공짜 돈'이 아니다. 이는 미래의 나에게 빌려온 소중한 자산이다. 따라서 반드시 장기적으로 우상향할 것이라는 강한 확신이 있는 우량 자산, 예를 들어 미국 대표 지수 ETF와 같은 곳에 투자해야 한다. 단기적인 시세차익을 노리는 어설픈 테마주나 위험한 종목에 이 소중한 자금을 투입하는 것은 미래의 자신에게 씻을 수 없는 상처를 입히는 도박일 뿐이다.

이 담보대출 외에도, 평소 비상자금과 생활비를 제외하고 예·적금 등을 통해 차곡차곡 쌓아둔 현금이 있다면, 하락장은 바로 그 현금이 가장 눈부시게 활약할 순간이다. 망설이지 말고, 과감하게 투자 원칙에 따라 분할 매수하라.

하락장은 겁쟁이와 용감한 자를, 그리고 준비된 자와 준비되지 않은 자를 가르는 냉정한 시험대다. 모두가 공포에 떨 때 용기를 내야 한다. 그 용기는 머지않아 시장이 회복할 때, 상상 이상의 성과를 안겨줄 것이다.

ㅣ 이미 보험에 많은 돈이 들어있다면

하락장에서 활용할 수 있는 또 다른 자금 마련 방법으로 '보험 해지'가 있다. 실제로 불필요한 보험을 정리하면, 당장 해지 환급금 형태의 목돈이 생기거나, 혹은 매달 납부하던 보험료를 투자금으로 전환할 수 있다.

하지만 이 방법은 신중하게 접근해야 할 선택지다. 보험의 본질은 '투자'가 아니라 '위험 대비'이기 때문이다. 보험은 우리가 예상치 못한 질병, 사고, 사망 등 감당하기 어려운 재정적 위험에 처했을 때, 나와 내 소중한 가족을 지켜주는 최소한의 안전망 역할을 한다. 따라서 단순히 '투자금을 더 마련하고 싶다'는 이유만으로 섣불리 보험을 해지하는 것은 안전벨트 없이 고속도로를 질주하는 것과 같은 위험천만한 행동일 수 있다.

보험 해지를 고려하기 전에, 반드시 다음 사항들을 냉철하게 따져봐야 한다.

- 나와 가족의 현재 건강 상태는 어떠한가?
- 군인으로서 받을 수 있는 의료 혜택과 군 단체 보험만으로 충분한가?
- 내가 해지하려는 보험이 정말 불필요하거나, 다른 보험과 중복되는가?
- 이 보험을 해지했을 때 발생할 수 있는 최악의 시나리오를 감당할 수 있는가?

이 모든 질문에 대해 깊이 고민하고 분석한 후에도, 정말로 이 보험이 내게 필요 없다는 명확한 결론에 도달했을 때만 보험 해지는 고려해 볼만한 선택지가 될 수 있다.

내 경우, 투자금 마련을 목적으로 보험을 해지한 것은 아니었다. 다만, 전반적인 가계 재정을 점검하는 과정에서 불필요하다고 판단되었기에 고정 지출 절감 차원에서 정리했다. 그런데 아주 운 좋게도, 내가 보험을 정리하여 여유 자금이 생긴 시점이 2022년의 깊은 하락장과 맞물렸다. 덕분에 나는 계획에 없던 추가 투자금을 확보하여, 좋은 자산을 매우 싼 가격에 매수하는 행운을 누릴 수 있었다. 이는 내가 똑똑해서나 용감해서가 아니라, 오로지 시기가 맞아떨어진 '운' 덕분이었다.

중도해약으로 인한 큰 손해가 예상되거나, 보험 만기가 임박한 상황이라면 또 다른 방법이 있다. 바로 보험을 해지하지 않고, 이미 납부한 보험료를 담보로 대출을 받는 방식이다. 군인 공제회 퇴직금 담보대출처럼 보험사에서도 일정 조건을 충족하면 해약환급금을 담보로 비교적 저금리에, 중도상환수수료 없이 대출받을 수 있다. 이 경우 보험도 그대로 유지할 수 있고, 동시에 투자 자금도 확보할 수 있다. 만약 하락장에서 이렇게 조달한 자금을 장기 투자로 잘 활용한다면, '보험 유지'와 '자산 증식'이라는 두 마리 토끼를 모두 잡을 수 있다. 물론, 보험 담보대출 역시 대출이기 때문에 이자와 상환 계획을 치밀하게 계산해야 한다.

보험 해지가 되었든, 보험 담보대출이 되었든 중요한 것은 자신의 재정 상태와 위험 대비 수준을 철저히 분석한 후, 스스로 책임질 수 있는 판단을 내리는 것이다. 당신의 돈과 미래는 결국 당신의 몫이다.

| 변동성은 적이 아닌 최고의 아군이다

　모든 자산에는 오르내림, 즉 상승과 하락의 사이클이 존재한다. 사람들이 특정 자산이 좋다고 이야기하고 언론에 자주 오르내릴 때, 그 가격은 뜨겁게 달아오른다. 너도나도 뒤늦게 달려들면 가격에는 거품이 끼고, 그 거품은 결국 한순간에 터지며 폭락을 맞이한다. 하지만 역사는 보여준다. 폭락과 상승의 과정을 수없이 반복하며, 훌륭한 자산의 가격은 결국 장기적으로 우상향한다는 것을.

　'주식은 위험하다'고 말하는 근본적인 이유는 바로 이 고점과 저점 사이의 엄청난 가격 차이, 즉 '변동성' 때문이다. 오늘 100만 원이었던 내 주식이 내일 70만 원이 되고, 다음 달에는 50만 원이 될 수도 있다는 그 '불확실성'이 사람들을 두렵게 만든다. 만약 1~2년 안에 써야 할 돈으로 투자하거나, 매일매일 계좌를 들여다보며 단기적인 시세차익을 노린다면, 이 변동성은 버틸 수 없는 공포이자 재앙이 될 것이다. 투자 원금이 반토막, 아니 80%까지 줄어드는 극심한 공포를 견뎌낼 준비가 되어 있어야 한다. 그렇지 못한 사람은 아직 주식 시장의 변동성을 감당할 준비가 되지 않은 것이다.

나에게는 아직 약 20년이라는 긴 복무 기간이 남아있기 때문에 변동성은 큰 문제가 아니다. 이 긴 시간은 주식 시장의 그 어떤 거친 파도와 변동성도 잔잔한 물결로 만들어 줄 수 있는, 군인이 가진 가장 강력한 아군이다. 20년 뒤의 목적지를 향해 가는 나에게, 중간에 만나는 몇 번의 폭풍우는 큰 문제가 되지 않는다. 오히려 나는 주가가 많이 떨어진 기간에는 기쁜 마음으로 보유 주식 수량을 늘리는 데 집중한다.

언젠가 상승 사이클은 분명 다시 찾아온다는 사실을 역사를 통해 아는 투자자에게, 주가의 변동성은 더 이상 공포의 대상이 아니다. 그것은 우리가 수용하고 이해해야 할 주식의 고유한 '특성'일 뿐이다. 마치 봄, 여름, 가을, 겨울이 반복되듯, 주식 시장의 상승과 하락도 자연스러운 계절의 변화와 같다.

더 나아가, 장기 복무 군인은 이 변동성을 적극적으로 이용할 수 있어야 한다. 하락기에는 싼값에 더 많은 씨앗을 뿌리고, 상승기에는 그 씨앗이 자라 열매 맺는 것을 즐기는 것이다. 이 변동성의 파도를 두려워하지 않고 오히려 즐기며 탈 수 있을 때, 우리는 비로소 장기 우상향이라는 거대한 흐름 속에서 큰 수익을 얻을 수 있다. 이러한 투자의 사이클을 여러 번 경험하고, 그 안에서 배우며 복리의 효과를 극대화하기 위해서는 무엇보다 '시간'이 필요하다. 따라서 하루라도 빨리 투자를 시작하여 가능한 한 오래 시장에 머무는 것, 그것이 변동성을 나의 친구로 만들고 투자의 성공 확률을 높이는 가장 확실하고 지혜로운 길이다.

| 상승장에서도 하락장을 대비하자

하락장이 찾아온다면 이 기회를 살릴 수 있도록 평소에 충분히 대비하고 있어야 한다. 단순히 '떨어지면 사자'의 수준을 넘어 심리적/재정적으로 대응할 수 있는 시스템을 갖춰야 한다. 준비된 장기투자자에게 하락장은 '공포의 시기'가 아닌 '기회의 문'이 될 수 있다.

다음은 내가 하락장을 대비해 평소 실천 중인 몇 가지 방법들이다.

현금비중 확보하기

시장이 계속 오를 때는 단 한 푼이라도 더 주식에 넣어두고 싶은 유혹이 강하게 든다. 하지만 언제 닥칠지 모르는 하락장에서 '총알' 없이 기회를 바라만 보는 것만큼 속상한 일도 없다. 따라서 투자금의 일부는 반드시 현금으로 확보해 두어야 한다. 나의 경우, 아내와의 맞벌이를 통해 매달 400만 원을 투자금으로 활용한다. 하지만 시장 상황에 따라 이 중 일정 금액은 즉시 투자하지 않고, 입출금이 자유로운 CMA 통장에 현금으로 차곡차곡 쌓아둔다.

S&P500 지수가 20% 이상 하락하는 의미 있는 하락장은 역사적으로 평균 3.5년에서 5년에 한 번꼴로 찾아왔다. 그리 자주 오는 기회가 아니기에, 매달 적은 금액이라도 3~5년간 꾸준히 모으면 하락장에서 매우 요긴하게 활용할 수 있는 든든한 실탄이 된다. 이 준비된 현금은 시장이 공포에 질렸을 때, 용감하게 '매수' 버튼을 누를 수 있는 자신감의 원천이 된다.

매수 종목 사전 선정

하락장이 닥쳤을 때 '뭘 사야 하지?' 하며 허둥대는 것은 패배로 가는 지름길이다. 공포 속에서는 이성적인 판단이 흐려지기 십상이다. 따라서 시장이 평온할 때, 하락 시 무엇을 살

것인지 미리 명확히 정해둬야 한다.

나의 경우는 간단하다. 나는 하락장이 온다고 해서 새로운 종목을 찾아 헤매지 않는다. 내가 이미 깊이 공부하고 확신을 가지고 보유한 종목의 수량을 늘릴 뿐이다. 이는 내가 투자하는 기업과 산업의 장기 성장에 대한 믿음이 있기 때문이다. 다만, 언제 추가 매수를 할지에 대한 기계적인 원칙은 세워두었다. 하락장을 실제로 맞닥뜨리면 판단력이 흐려질 수 있기에, 감정보다 원칙을 따르기 위함이다. 나의 원칙은 '보유 주식이 전고점 대비 20% 하락하면, 평소 모아둔 현금을 활용해 추가 매수한다'는 것이다. 이 원칙은 나를 감정적인 대응으로부터 지켜주는 든든한 방패가 된다.

기계적으로 계속 매수하기

하락장을 대비하는 가장 기본적이면서도 강력한 방법은 시장의 등락과 상관없이 매월 정해진 금액만큼 원칙을 지키며 기계적으로 계속 주식을 사는 것이다. 이것이 바로 '적립식 투자'의 위력이며, 꾸준히 공급되는 급여를 가진 군인에게 최적화된 방식이다.

나는 매달 투자금 400만 원을 활용해 시장 상황을 보지 않고 정해진 날짜에 주식을 매수한다. 이렇게 꾸준히 매수하다 보니, 내 전체 자산에서 즉시 투입 가능한 현금 비중은 5%가 채 되지 않는다. 하지만 나는 이것이 두렵지 않다. 하락장인지 아닌지 굳이 판단하려 애쓰지 않고, 그저 묵묵히 정해진 액수만큼 매달 주식을 사 모으면, 자연스럽게 주가가 쌀 때 더 많은 수량을 확보하게 된다. 이는 장기적으로 나의 평균 매수 단가를 낮추는 마법 같은 효과를 가져온다.

나 역시 2022년의 하락장 초입에서 공포를 이기지 못하고 보유한 주식을 전량 매도했던 쓰라린 경험이 있다. 하지만 지금 돌이켜보면, 그 실패는 나에게 다시는 같은 실수를 반복하지 않게 해준 강력한 예방주사가 되었다. 이제 나는 기계처럼, 원칙에 따라 꾸준히 우량주식을 사 모을 뿐이다.

생활비로 투자하지 않기

투자에 있어 성공 확률을 높이는 수많은 전략과 기술이 있다. 하지만 그 모든 것을 논하기 전에, 꼭 지켜야 할 생존의 제1원칙이 있다. 그것은 바로 '생활비로는 절대 투자하지 않는다'는 것이다. 이는 단순히 돈을 잃지 않기 위한 소극적인 방어를 넘어 길고 험난한 투자의 여정을 끝까지 완주하기 위한 가장 중요한 심리적 기반이 된다. 다음 달 내야 할 자동차 보험료, 아이 사교육비, 혹은 조카 돌반지를 해주기 위해 아껴뒀던 돈까지 '영끌'하여 주식에 투자했다고 가정하자. 상승장에서는 짜릿함을 맛볼 수도 있을 것이다. 하지만 문제는 시장이 예고 없이 30%, 혹은 50% 폭락할 경우이다. 당장 돈은 써야 하는데 계좌는 파랗게 물들어 있다. 주식을 팔자니 끔찍한 손실을 확정해야 하고, 팔지 않고 버티자니 당장 이번 달 생활이 막막하다. 이것이 바로 '먹고 사는 돈'과 '투자하는 돈'이 섞였을 때 벌어지는 재앙이다.

이런 상황에서는 그 어떤 투자의 대가의 조언도, 미국 주식은 우상향한다는 강철 같은 믿음도 소용없다. 생존 본능 앞에서는 모든 이성적인 판단이 무력해진다. 결국, 공포에 질려 가장 싼 값에 주식을 내던지고, 깊은 상처와 함께 다시는 돌아오지 못할 강을 건너게 된다.

반대로, 투자자금과 생활비를 철저히 분리해 둔 투자자는 하락장을 전혀 다른 시각으로 마주하게 된다. 하락장이 찾아와 계좌의 평가액이 반토막 나더라도 내 일상은 흔들리지 않는다. 부모님 생신에 용돈을 드릴 수 있고, 가족과 함께 근사한 외식을 할 수 있다. 내 삶의 기반이 위협받지 않기 때문에 시장의 하락을 '일시적인 평가금 하락'으로 받아들일 수 있는 심리적 여유가 생긴다. 더 나아가, 이 상황을 '위기'가 아닌 '기회'로 인식할 수 있게 된다. 훌륭한 자산을 더 싸게 살 수 있는 바겐세일 기간으로 여기며, 계획했던 대로 덤덤하게 추가 매수를 이어갈 수 있다. 이것이 바로 앞서 이야기했던 '하락장을 견디고', '역사를 믿으며', '장기 투자를 통해 승리하는' 유일한 길이다.

생활의 안정 없이는 투자의 안정도 없다. 그러므로 무엇이 생활비고, 무엇이 투자금인지를 명확히 구분해야 한다. 투자금은 모든 생활비와 비상자금을 제외하고, 최소 5년, 혹은 10년 이상 묶어두어도 내 삶에 전혀 지장이 없는 '여유자금'만을 의미한다. 나는 투자용 계좌와 생활비 계좌 사이에 굳건한 경계벽을 세웠다. 이 경계벽은 하락장의 공포로부터 나의 멘탈을 지켜주고, 충동적인 매매를 막아주며, 궁극적으로 경제적 자유라는 목적지에 도달할 때까지 투자 여정을 지속할 수 있도록 돕는 가장 든든한 아군이 될 것이다.

상승장에서 하락장을 대비하는 것은 맑은 날 우산을 챙기는 것처럼 분명 번거로운 일이다. 하지만 평소의 작은 준비들이 모여, 결정적인 순간에 공포를 이겨내고 담대하게 기회를 잡을 수 있는 결정적인 차이를 만들어낸다. 미리 준비하고, 기회가 찾아오면 원칙에 따라 행동하라.

| 하락장에서 내가 배운 것

하락장의 공포를 실제로 처음 마주하게 된 2022년 초입, 겁을 먹고 보유하던 모든 주식을 매도했지만 이내 정신을 차리고 보유하던 주식을 다시 매수했다. 2022년의 남은 하락장을 추가 매도 없이, 원칙에 따라 수량을 늘리며 견뎌내자, 2023년의 회복장이 생각보다 빠르게 찾아왔다. '팔지 않으면 손실이 아니며, 좋은 자산은 결국 회복한다'는 단순한 진리를 온몸으로 체득하게 된 것이다.

하락장에서 배운 것은 이뿐만이 아니었다. S&P500이나 나스닥과 같은 종합주가지수가 충분히 떨어졌을 때야말로, TQQQ나 SOXL과 같은 레버리지 ETF를 활용할 절호의 기회라는 사실을 배웠다. 미국 시장 전체는 반드시 우상향한다는 강력한 믿음으로 추후 주가 회복 시 더 큰 수익을 기대하며, 2022년 9월 시장의 공포가 극에 달했을 때 나는 용기를 내어 TQQQ와 SOXL을 대량으로 매수하기 시작했다. 지금 와 돌아보면 주식 초보 주제에 꽤 대담한 판단을 했던 것 같다.

하락장에서 용기를 내어 뿌린 씨앗은 2023년 회복장에서 풍성한 열매를 맺었다. 그 덕분에 2024년, 사랑하는 자녀에게 2천만 원의 주식까지 증여할 수 있었다.

연초의 패닉셀로 모든 주식을 매도하는 뼈아픈 실수를 범하기도 했지만, 이 값진 경험을 통해 나는 '10년을 보유할 주식이 아니라면 10분도 보유하지 말라'는 워런 버핏의 명언을 단순한 문장이 아닌, 내 뼈에 깊이 새겨진 신념으로 만들 수 있었다.

2022년의 하락장을 거치며 꾸준한 독서와 실제 경험을 통해 '미국 주식은 결국 우상향한다'는 확신을 갖게 되었고, 이제 나는 단기간의 주가 등락으로 인해 불안해하지 않는다.

2022년은 다소의 시행착오는 있었지만, 수십 년을 이어갈 앞으로의 투자인생에서 그 무엇과도 바꿀 수 없는 소중한 경험을 한, 잊을 수 없는 성장의 한 해였다.

이것만큼은 하지 마라. 절대! 절대로!

　나의 투자 여정이 그리 길다고 할 수 없다. 하지만 그 짧은 시간 동안 작은 성공의 기쁨도 맛봤고, 실패의 쓴맛도 함께 보았다. 직접 부딪히며 뼈아픈 수업료를 내기도 했고, 안타까운 이들의 좌절을 곁에서 지켜보기도 했다. 성공으로 가는 길을 아는 것만큼 중요한 것은, 실패로 가는 길을 피하는 것이다. 이어지는 내용을 통해 내가 겪었던, 혹은 지켜봤던, 투자자로서 반복해서는 안 될 몇 가지 치명적인 금기 사항들을 공유하고자 한다. 부디 나의 값비싼 수업료가 당신에게는 지름길이 되기를, 나의 실수가 당신의 성공을 위한 든든한 타산지석(他山之石)이 되기를 바란다. 그리하여 당신의 투자 여정이 나보다 덜 고통스럽고, 더 즐겁고, 훨씬 더 지속 가능하기를 진심으로 희망한다.

| 하락에 베팅하지 마라

2021년, 같은 부대에서 근무하던 O 상사와 우연찮게 투자 이야기를 나누게 되었다. 그는 놀랍게도 나와 똑같이 구글(알파벳) 주식에 집중 투자하고 있었고, 덕분에 우리는 금방 친해졌다. 함께 알파벳 주식 1억 원어치를 모으자고 다짐할 정도로 그는 건실한 투자자였다. 이후 근무지가 바뀌고 연락이 뜸해졌다.

몇 년 만에 우연히 그를 다시 만나게 되었다. 반가운 마음에 투자는 잘 되고 있는지 물었지만, 그의 표정은 어둡기만 했다. 이야기를 들어보니, 그는 2022년의 힘겨운 하락장에서 보유하던 주식을 모두 팔아버렸고, 그해 말에는 남은 전 재산을 시장 하락(숏)에 베팅했다고 했다. 2023년에도 하락장이 계속될 것이라 굳게 믿고 내린 결정이었다. 하지만 그의 예상과 달리, 2023년의 주식 시장은 무섭게 반등했다. 결국 그는 재산의 대부분을 잃었고, 그 충격으로 아내와 이혼 이야기까지 나올 정도로 힘든 시간을 보냈다고 했다. 건실했던 투자자가 한순간의 예측 실패로 큰 손해를 보게 된 안타까운 순간이었다.

미국 주식은 끊임없이 오르내림을 반복한다. 하지만 긴 호흡으로 보면 결국 우상향한다. 이를 설명하기 위해 자주 인용되는 비유가 앙드레 코스톨라니의 '주인과 함께 산책하는 개'다. 개(주가)는 목줄 범위 안에서 주인(기업 가치) 주변을 앞서거니 뒤서거니 하며 불규칙하게 움직이지만, 결국 개가 향하는 곳은 주인이 가는 방향이다. 주가 역시 단기적으로는 불규칙하게 움직이는 것처럼 보이지만, 결국은 장기 우상향이라는 주인의 방향을 따라 전고점을 뚫고 나아간다.

주식 시장에는 이 흐름과 반대로, 주가가 하락할 때 가격이 오르도록 설계된 상품들이 있다. 이를 인버스(Inverse) ETF라고 부르며, 여기에 투자하는 것을 '숏(Short)을 친다'고 말한다. 하지만 명심해야 한다. 인버스 상품은 장기적으로 우상향하는 미국 증시의 흐름을 정면으로 거스르는 것이다. 따라서 길게 보유해서는 절대 안 되는, 매우 위험한 상품이다. 특히 초보 투자자라면 절대 건드리지 않기를 강력히 권한다. 나 역시 인버스 상품에는 단 1의 관심조차 기울이지 않았다.

분명한 악재에도 주가가 오르고, 틀림없는 호재에도 주가가 하락하는 것이 주식 시장이다. 내가 짧은 기간 주식 시장에 몸담으며 깨달은 진리는, '신이 아닌 이상 주가의 단기적인 등락은 절대로 맞출 수 없다'는 것이었다. 이러한 변덕스러운 시장에서 장기적인 대세를 거스르는 단기 하락에 베팅하는 인버스 투자는 너무나도 위험한 도박이다.

이 자리를 빌려, 자신의 아픈 경험을 기꺼이 공유할 수 있도록 허락해 준 O 상사에게 다시 한번 깊은 감사를 표한다. 그의 이야기가 소중한 군 동료들에게 반면교사(反面敎師)가 되어, 같은 실수를 반복하지 않는 데 큰 도움이 될 것이라 믿는다.

▎가장 위험한 생각: 이번에는 다르다

주식 투자에 있어 성공으로 가는 길을 가로막는 가장 위험한 생각을 꼽으라면, 나는 주저 없이 '이번에는 다르다'는 말을 선택하겠다. 이 위험한 생각은 때로는 근거 없는 낙관으로 우리를 무모하게 만들고, 때로는 파멸적인 비관으로 우리를 시장에서 내쫓는다. 특히 우리를 더 쉽게 무너뜨리는 것은 비관적인 '이번에는 다르다'이다.

> "이번 위기는 과거와는 차원이 다르다."
> "분명 대폭락이 올 것이다."
> "이제 성장의 시대는 끝났다."
> "이 기술은 거품일 뿐이다."

돌이켜보면, 시장은 언제나 '이번에는 다르다'고 외칠 만한 이유들로 가득했다. 닷컴 버블 붕괴, 9·11 테러, 2008년 글로벌 금융 위기, 코로나19 팬데믹, 그리고 오늘날 우리가 마주한 트럼프 2기 관세전쟁과 고조되는 전쟁의 위협까지. 그 어느 때 하나 심각하지 않은 위기가 없었다. 실제로 많은 이들이 '이번에야말로 정말 끝이다'라고 외치며 시장을 떠났다. 나 역시 2022년, 그 공포감 속에서 모든 주식을 팔았던 경험이 있다.

하지만 역사는 무엇을 말해주는가? 그 모든 암울한 예측과 '이번에는 다르다'는 경고를 비웃기라도 하듯, 주식 시장은 잠시 휘청거릴지언정 결국 모든 위기를 딛고 일어나 꿋꿋이 신고가를 경신해 왔다. 위기의 원인과 형태는 매번 달랐지만, 시장이 결국 우상향한다는 '본질'은 변하지 않았다. 그렇다면 우리는 왜 이토록 쉽게 '이번에는 다르다'는 함정에 빠지는 것일까? 인간은 본능적으로 눈앞의 위협을 더 크게 느끼고, 부정적인 뉴스에 더 강하게 반응하기 때문이다. 미디어는 공포를 자극하는 헤드라인으로 클릭을 유도하고, 소위 '전문가'들은 저마다의 비관론으로 존재감을 과시한다. 이 소음 속에서 평정심을 유지하며, 객관적인 큰 그림을 보기란 절대 쉬운 일이 아니다.

비관론의 홍수 속에서 우리 같은 초보 투자자가 시장에서 살아남고 승리할 확률을 높이는 가장 확실한 방법은, 바로 미국 주식 시장의 '반복되는 역사'를 믿는 것이다. 위기는 늘 있었고, 앞으로도 있을 것이다. 하지만 그 위기를 극복하고 끊임없이 혁신하며 가치를 창출해 온 자본주의 시스템의 힘, 그리고 인류의 전진하려는 욕망은 그 위기보다 훨씬 더 강력했다. 역사는 우리에게 '이번에는 다르다'가 아니라 '이번에도 결국 다르지 않다'는 것을 가르쳐 준다.

역사적 교훈을 굳건히 지키는 이러한 태도는 매뉴얼과 규율을 중시하는 군인의 자세와도 일맥상통한다. 전장에서 예상치 못한 위협이 발생했을 때, 가장 위험한 것은 훈련받은 원칙을 버리고 감정과 공포에 휩싸이는 것이다. 투자 시장에서 '이번에는 다르다'는 소음은 전장의 포화와 같다. 우리는 훈련받은 대로(장기, 분산, 적립식 투자), 규율을 지키며(시장을 떠나지 않음), 우리의 길을 가야 한다.

'이번에는 다르다'는 달콤하지만 치명적인 독이다. 그 유혹에 넘어가 시장을 예측하려 애쓰기보다, 묵묵히 역사를 믿고 우직하게 내 길을 가는 것. 그것이 시장의 변동성을 이겨내고 최종적인 승리를 거머쥘 수 있는, 가장 확률 높은 전략이다.

| 뉴스에 귀 기울이지 마라

나는 매일 아침 출근 전 경제 신문을 읽고, 출퇴근길에는 유튜브로 경제 방송을 듣는다. 하지만 그 내용을 곧이곧대로 믿거나, 그것을 바탕으로 투자 결정을 내리는 경우는 거의 없다. 대부분은 뉴스의 헤드라인만 살펴보며 오늘 시장의 '분위기'가 어떤지, 대중의 관심이 어디로 쏠려 있는지를 파악하는 '온도계' 정도로만 활용한다.

경제 뉴스를 매일 접하면서도 그 내용에 휘둘리지 않고, 오직 시장의 온도를 재는 참고 자료로만 활용하는 이 방식은 내가 투자에서 살아남기 위해, 그리고 흔들리지 않기 위해 터득한 중요한 원칙 중 하나다. 왜냐하면 나는 언론사가 절대 경제의 흐름이나 주가의 등락을 예측할 수 없다고 믿기 때문이다. 만약 그들이 정말 예측할 수 있다면, 기자나 앵커 대신 워런 버핏 같은 부자가 되어 있을 것이다.

언론사의 최우선 목표는 진실 보도나 정확한 예측이 아니라 '주목'과 '클릭'이다. 어떻게든 독자의 눈길을 사로잡아야 광고 수익으로 생존할 수 있다. 그러다 보니 자연스레 '10년 뒤 시장은 완만하게 우상향할 것'이라는 밋밋한 진실보다는, '내일 당장 폭락 온다!' 혹은 '이 주식 사면 인생 역전!'과 같은 자극적인 제목이 넘쳐난다. 그들은 어제의 예측이 틀리면 아무렇지 않게 오늘 말을 바꾸고, 내일 또 다른, 더 자극적인 예측을 내놓는다. 그들의 말은 대부분 현재 시장의 분위기를 반영하거나 증폭시킬 뿐, 미래를 보여주는 지표가 되지 못한다.

우리가 그토록 경계해야 하는 '이번에는 다르다'는 위험한 생각은 어디서 싹트는가? 그 주된 온상이 바로 언론이 밤낮없이 떠들어대는 소음이다. 시장이 조금만 하락하면 온갖 위기론을 퍼뜨리며 우리의 공포심을 자극하고, 시장이 조금만 오르면 탐욕을 부추기며 '지금이라도 올라타야 한다'고 속삭인다. 이 소음에 귀를 기울이는 순간, 우리의 이성은 마비되고 감정의 파도에 휩쓸리게 된다. 결국 '이번에는 다르다'는 착각에 빠져, 추격 매수하거나 공포에 질려 투매하는 실수를 반복하게 되는 것이다.

투자에서 성공하기 위해서는, 때로는 '우직한 당나귀'처럼 귀를 닫을 줄 알아야 한다. 이는 세상과 담을 쌓고 무지하게 살라는 뜻이 아니다. 정보의 홍수 속에서 진짜 '신호'와 나를 현혹하는 '소음'을 구분하고, 중요한 것에만 집중하라는 의미다.

내가 믿는 '신호'는 명확하다. 그것은 200년간 증명된 미국 주식 시장 우상향의 역사다. 투자의 대가들이 수십 년의 경험을 통해 남긴 지혜다. 그리고 스스로 깊은 고민과 독서, 학습을 통해 세운 투자 원칙이다. 이 명확한 신호에 집중한다면, 매일 쏟아지는 뉴스의 소음은 그저 스쳐 지나가는 바람 소리처럼 들릴 것이다.

뉴스를 보는 시간을 줄이고, 그 시간에 차라리 좋은 투자 서적 한 페이지를 더 읽자. 전문가의 단기 전망에 귀 기울이기보다, 경제의 큰 흐름과 역사를 공부하자. 남들의 '사라, 팔아라'는 외침에 흔들리기보다, 끊임없는 공부를 통해 나의 투자 대상에 대한 확신을 키우자. 성공적인 투자는 외부의 소음에 민감하게 반응하는 것이 아니라, 내면의 확신과 원칙을 굳건히 지키는 데서 온다. 시장의 요란한 소음 앞에서, 기꺼이 현명하고 고집 센 '당나귀'가 되자.

안정적인 전역 후를 위한 자산운용 전략

이 책을 쓴 이유는 장기 복무 직업군인은 반드시 우상향하는 자산에 장기투자해야 한다는 사실을 알리기 위해서였다. 이 믿음을 바탕으로 인내의 시간을 거쳐 성공적으로 자산을 크게 불리는 데 성공했다면, 이제 새로운 질문과 마주하게 될 것이다. "이 소중한 자산을 언제, 어떻게 활용하여 안정적이고 풍요로운 전역 후의 삶을 만들까?"

주식 투자에 있어 흔히 '매수는 기술, 매도는 예술'이라고 한다. 오랜 기간 공들여 쌓아 올린 자산의 이익을 확정하는 것은, 단순히 매도 버튼을 누르는 것 이상의 깊은 고민과 지혜를 요구한다. 특히 은퇴 후의 생활을 책임져야 할 돈이기에, 이 '매도'라는 예술은 더욱 신중하고 정교하게 접근해야 할 영역이다. 그렇다면 장기 복무 군인은 투자 이익을 언제, 어떻게 확정하고 활용해야 할까?

| 주식 매도 시점 설정

장기 투자의 가장 큰 적은 '섣부른 매도'다. 시장의 단기적인 등락에 흔들려, 혹은 약간의 이익에 만족하여 너무 일찍 황금알을 낳는 거위의 배를 가르는 우를 범해서는 안 된다. 주식 매도 시점은 주가가 아니라, 오직 개인이 처한 상황과 인생의 중요한 변곡점에 맞춰 결정해야 한다. 내가 생각하는 주식을 매도해야 하는 순간은 다음과 같다.

· **'꼭 필요한 큰돈'이 생겼을 때:** 자녀의 결혼 자금, 주택 구매, 혹은 예상치 못한 큰 병원비 등 목돈이 필요한 순간이 올 수 있다. 이때는 어쩔 수 없이 보유한 주식의 일부를 처분해야 한다. 하지만 이때도 필요한 만큼만, 최소한으로 매도하는 것이 원칙이다.

· **'투자의 본질'이 변했을 때:** 내가 투자한 기업, 산업의 근본적인 가치(Fundamental)가 심각하게 훼손되었을 때가 그 두 번째다. 예를 들어, 기업이 경쟁사와의 경쟁에서 패해 시장에서 경쟁력을 잃거나, 자동차의 등장 이후 마차를 만드는 회사가 쇠퇴한 것처럼 산업 자체가 사양길로 접어들거나, 혹은 내가 애초에 투자했던 이유가 사라졌을 때다. 이런 경우는 드물

지만, 만약 발생한다면 과감히 매도하고 다른 투자처를 찾아야 한다.

이 두 가지 경우가 아니라면, 함부로 주식을 팔아서는 안 된다. 특히 '이 정도면 많이 올랐으니 팔고, 떨어지면 다시 사자'는 생각은 가장 위험하다. 시장의 고점과 저점을 정확히 예측하는 것은 신의 영역이다. 우상향하는 주식은 시간이 지날수록 복리의 마법이 더욱 강력하게 작용하여, 상상 이상의 이익을 가져다준다. 워런 버핏조차도 그의 자산 대부분은 예순이 넘어서야 폭발적으로 증가했다는 사실을 기억해야 한다.

나의 주식 매도 계획 역시 이 원칙을 따른다. 정말 필요한 순간이 오기 전까지, 그리고 내가 투자한 자산의 본질적인 가치가 변하지 않는 한, 나는 절대 보유한 종목을 매도하지 않을 것이다.

| 투자 원금을 지키며 현금 흐름 만들기

전역 후, 군인연금만으로는 생활비가 부족할 것이다. 부족한 생활비를 충당할 수 있는 '4% 법칙'을 소개한다.

'4% 법칙'은 1994년 미국의 재무 설계사 윌리엄 벤젠William Bengen이 처음 제시한 개념으로, 은퇴 후 첫해에 전체 자산의 4%를 인출하고, 이후 매년 그 금액에 물가 상승률을 반영하여 인출하면, 최소 30년 이상 자산이 고갈되지 않고 생활비를 충당할 수 있다는 연구 결과에서 비롯되었다.

이는 미국 주식 시장의 장기적인 성장률이 물가 상승률과 인출 금액을 상쇄하고도 남을 만큼 강력하다는 역사적 데이터에 기반한다. 즉, 매년 4% 정도를 빼서 쓰더라도, 남은 자산이 계속 성장하여 원금을 채워주거나 오히려 더 불려준다는 의미다. 예를 들어, 만약 당신이 전역 시점에 10억 원의 미국 주식을 모았다고 가정하자.

- **첫 해**: 10억 원의 4%인 4,000만 원을 인출하여 생활비로 사용한다. (월 약 333만 원)

- **둘째 해**: 시장이 평균적으로 성장(예: 7~10%)했다면, 당신의 자산은 10억 원 이상으로 유지되거나 늘어난다. 당신은 늘어난 자산의 4% 또는 작년 인출액에 물가 상승률 3%를 더

한 4,120만 원을 인출한다.

· **이 과정을 반복**: 이렇게 매년 4% 내외를 인출하더라도, 주식 자산은 장기적으로 성장하기 때문에, 당신은 마르지 않는 샘물처럼 평생 돈 걱정 없이 살아갈 수 있다.

여기에 군인만의 강력한 장점, '군인 연금'이 더해진다. 일반적인 투자자는 은퇴 후 현금흐름을 위해 오직 자신의 투자 자산에만 의존해야 하지만, 군인은 매달 꼬박꼬박 나오는 군인 연금이라는 든든한 지원군이 있다. 이는 '4% 법칙'을 훨씬 더 안정적이고 유연하게 활용할 수 있게 한다.

· **더 낮은 인출률**: 굳이 4%를 다 인출할 필요 없이, 2%나 3%만 인출해도 연금과 합쳐져 충분한 생활이 가능할 수 있다. 그만큼 원금을 오래 보존하며, 총자산의 성장을 누릴 수 있다.

· **하락장 대응**: 만약 주식 시장이 좋지 않은 해에는 인출액을 줄이거나, 연금만으로 생활하며 자산이 회복될 때까지 기다릴 수도 있다.

· **심리적 안정감**: 기본적인 생활이 연금으로 보장되므로, 주가 변동에 대한 스트레스 없이 훨씬 더 편안한 마음으로 노후를

즐길 수 있다.

결국, '장기 투자한 미국 주식 + 4% 인출 전략 + 군인 연금' 이 세 가지 조합은 장기 복무 군인이 꿈꿀 수 있는 가장 이상적이고 안정적인 전역 후 자산 운용 전략이다. 직업군인의 장점인 꾸준한 현금 흐름이 있을 때 부지런히 우상향 자산을 모으고, 전역 후에는 그 자산이 만들어내는 현금 흐름과 연금을 통해 평생 돈 걱정 없는 삶을 누릴 수 있다.

성공적인 투자의 마무리는 '언제 파느냐'가 아니다. '어떻게 평생 잘 활용하느냐'에 달려 있다.

미국 주식 절세 방안

올바른 방법으로 장기 투자한다면 미국 주식은 우리에게 경제적 자유라는 큰 선물을 안겨줄 수 있다. 그 과정에서 발생하는 수익에 대한 세금은 당연한 의무이지만, 합법적인 테두리 안에서 이 세금을 줄일 수 있다면 마다할 이유가 없다.

미국 주식 매도 시 발생하는 양도소득세는 연간 기본공제 250만 원을 제외한 수익금에 대해 22%가 부과된다. 사실 미국 주식이 우리에게 선사할 막대한 부에 비하면 이 정도 세금은 큰 단점이라고 할 수도 없다. 하지만 현명한 투자자라면 이 세금마저 합법적으로 줄여나가는 지혜를 발휘해야 한다. 이번에는 그 구체적인 방법, 특히 가족 간 증여를 통한 절세 전략을 자세히 알아본다.

┃배우자 증여를 통한 미국 주식 절세법

가족에게 자산을 증여할 때는 증여세가 발생하지만, 일정 한도 내에서는 세금 없이 증여가 가능하다. 배우자에게는 10년간 6억 원까지, 성인 자녀에게는 5천만 원(미성년 자녀는 2천만 원)까지 10년 단위로 증여세 없이 자산을 증여할 수 있다. 이 증여 제도를 미국 주식 절세에 활용하는 핵심 원리는 바로 '취득가액 조정'이다.

항목	배우자	자녀
비과세 증여 한도 (10년 단위)	6억 원	5천만 원 (미성년: 2천만 원)

<가족 간 비과세 증여 한도, 출처: 국세청>

일반적으로 주식을 증여하면 증여받은 사람(수증자)의 주식 취득가액은 증여 당시의 시가로 새롭게 산정된다. 즉, 내가 1만 원에 산 주식이 10만 원이 되었을 때 배우자에게 증여하면, 배우자는 이 주식을 10만 원에 취득한 것(새로운 취득가액)으로 본다. 만약 배우자가 이 주식을 바로 10만 원에 매도한다면 양도차익이 0원이므로 양도소득세는 발생하지 않는다.

과거에는 배우자 간 증여 후 주식을 바로 매도해도 이러한 절세 효과를 누릴 수 있었지만, 2025년부터 세법이 개정되어 증여받은 날로부터 1년 이내에 배우자가 해당 주식을 매도할 경우, 증여자의 원래 취득가액을 기준으로 양도소득세가 계산된다. 단기적인 조세 회피를 막기 위한 조치다.

2025년 이후, 그래도 증여가 이득인 이유

그렇다면 2025년 이후, '증여 후 1년 이내 매도 시 과세' 규정이 적용되는 현재에도 배우자 증여는 여전히 유효할까? 결론부터 말하자면, 그렇다. 이유는 다음과 같다.

· **1년 후 매도 시 절세 효과는 동일**: 배우자가 주식을 증여받고 1년이 지난 후 매도한다면, 여전히 증여 시점의 시가를 취득가액으로 인정받아 양도세를 크게 줄일 수 있다. 즉, 장기적인 관점에서 자산을 이전하고 향후 매도 계획이 있다면 매우 유용한 전략이다.

· **장기 보유 자산의 취득가액 조정**: 수십 년간 보유하여 최초 취득가액이 매우 낮은 주식의 경우, 증여를 통해 현재 시가로 취득가액을 높여두면 미래의 세금 부담을 현저히 낮출 수 있다.

· **기본공제 분산 효과**: 부부가 각자 주식을 보유하고 매도하게 되면, 각각 연 250만 원씩, 총 500만 원의 양도소득 기본공제를 활용할 수 있다.

결국, 단기적인 매매 차익을 노린 절세는 어려워졌지만, 장기적인 자산 이전과 계획적인 매도 전략의 관점에서 증여는 여전히 강력한 절세 수단이다.

| 자녀에게도 주식을 증여하자

자녀에게 주식을 증여하는 것은 단순히 용돈을 주거나 재산을 물려주는 것 이상의 의미를 지닌다. 자본주의 사회를 살아갈 아이에게 가장 실질적인 경제관념을 선물하는 것이며, 아이의 경제적 미래를 위한 든든한 씨앗을 미리 심어주는 현명한 방법이다. 아이의 이름으로 된 주식 계좌를 함께 보며 기업의 성장, 배당금, 그리고 돈이 스스로 일하는 모습을 보여주는 것만큼 효과적인 경제 교육은 없다.

현행 세법상 미성년 자녀에게는 10년마다 2천만 원까지 증여세 없이 자산을 물려줄 수 있다. 나 역시 이 제도를 활용하여 2022년에 태어난 첫째 아이에게 2천만 원 상당의 미국 주식을 증여했다. 증여한 지 1년 만에 아이의 계좌는 이미 3천만 원을 넘어섰다. 아이가 스무 살이 되었을 때, 이 계좌가 얼마나 큰 자산으로 불어나 있을지 상상하면 절로 미소가 지어진다. 그때가 되면 나는 이 계좌를 아이에게 온전히 넘겨주며, 경제적 자립의 첫걸음을 응원할 것이다.

아이는 이 돈을 창업자금으로 활용하거나, 매도하지 않고 투자를 이어갈 수도 있을 것이다. 혹은 더 큰 꿈을 위한 시드머니로 삼을 수도 있다. 인생의 중요한 출발선에서 남들보다 훨씬 유리한 고지를 점하게 되는 셈이다. 자녀에게 일찍 주식을 증여하는 것의 가장 큰 재정적 장점은 바로 '시간이라는 마법'을 선물하는 것이다. 아이의 이름으로 된 계좌에서 발생하는 모든 투자 수익(배당금, 시세 차익)은 오롯이 아이의 몫이 된다. 이는 수십 년이라는 긴 시간 동안 복리의 효과를 극대화하여, 우리가 상상하는 것 이상으로 자산이 눈덩이처럼 불어날 수 있는 기반을 마련해 준다. 아이는 부모가 처음 증여해 준 시점부터 자산 성장의 혜택을 누리며, 마치 아주 일찍부터 투자를 시작한 것과 같은 효과를 얻는다.

부모로서 자녀에게 물려줄 수 있는 최고의 유산은 막대한 재산 그 자체가 아니라, 스스로 경제적 자립을 이루고 현명하게 돈을 관리할 수 있는 지혜와 능력이다. 자녀 명의의 주식 계좌는 바로 이 두 가지를 함께 선물할 수 있는 매우 효과적인 도구다.

| 손쉬운 증여 절차 따라 하기

미국 주식을 자녀나 배우자에게 증여하여 절세 효과를 누리고 싶다면 그 절차를 미리 알아둬야 한다. 여기서는 나의 실제 경험을 바탕으로, KB증권을 이용한 주식 증여 방법과 홈택스를 통한 증여 신고 과정을 상세히 소개한다. 증여 절차 자체는 생각보다 간단하다.

1. 증권사를 통한 주식 증여 (타인 계좌 대체출고)

주식 증여를 위해 증권사 지점 방문이 반드시 필요한 줄 알았지만, 대부분의 증권사는 모바일 앱을 통해 타인 계좌로 주식을 보내는 증여 절차(대체출고)가 가능하다.

· KB증권 앱(M-able) 접속 → 전체메뉴 → 뱅킹 → '당사출고' or '타사출고' 선택.

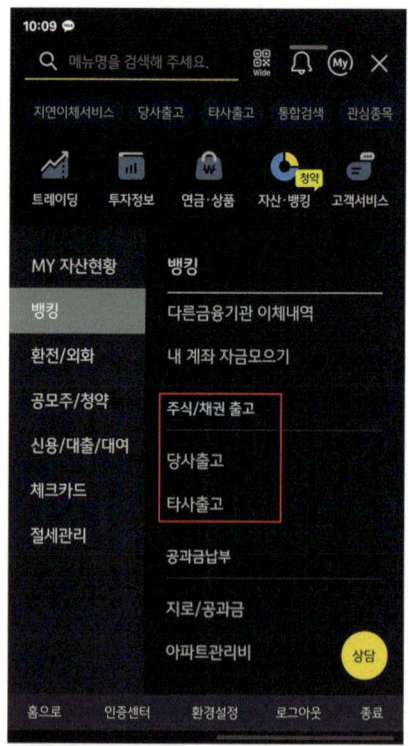

<출고절차를 통해 수증자의 계좌로 주식 이전(KB증권)>

2. 홈택스를 통한 증여 신고

주식의 이전(대체출고)이 완료되었다면, 다음은 증여신고다. 증여일이 속하는 달의 말일부터 3개월 이내에 국세청 홈택스 www.hometax.go.kr 에 접속하여 증여신고를 해야 한다. 만약 증여일이 2025년 7월 4일이라면, 7월의 말일인 7월 31일로부터 3개월 이내인 10월 31일까지 신고해야 한다.

· **홈택스 로그인 후**: [세금신고] → [일반증여신고] → [정기신고] 선택

· 신고서 작성 항목 :

1. 증여일자: 주식출고일(증여일) 입력.

2. 증여자와의 관계: 수증인(증여받는 사람) 기준으로 배우자이면 '배우자(처 또는 부)', 자녀이면 '자'를 선택한다.

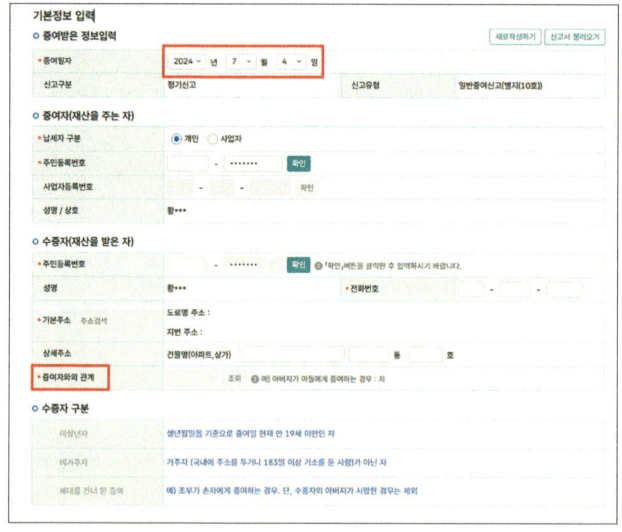

3. 증여재산 구분: '증여재산-일반' 선택.

4. 증여재산의 종류: '유가증권(상장)' 선택.

5. 평가방법: '기준시가 등 보충적평가법'

6. 국외자산 여부: 미국 주식이므로 '예(국외자산)'에 v 체크한다.

7. 국가명: 증여한 주식의 발행 국가 '미국'을 선택한다.

8. 평가액(증여재산가액): 증여한 주식의 평가액을 원화로 입력한다. 개별주식은 증여일 전후 기간 총 4개월의 평균 시세로 신고하고, ETF는 증여일 전일 종가 기준으로 신고한다. 환율을 모두 증여일 기준 환율을 적용하며, 서울외국환중개 사이트에서 확인한다.

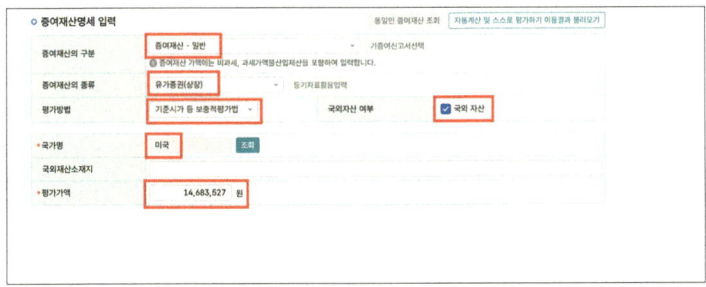

9. 위 내용 입력 후 '등록하기' 클릭.

10. 증여재산공제: 수증인과의 관계에 따라 공제액(배우자 6억, 미성년 자녀 2천만 등)을 확인하고, '증여재산공제' 란에 증여액을 직접 입력한다.

여기까지 완료하면 홈택스를 통한 증여세 기본 신고가 마무리된다.

항 목	내 용
SOXL 증여일 전일 종가 (ETF는 전일 종가 적용)	60.39 달러
증여일 기준 환율	1,389원 / 달러
증여 주식 수	175 주
평가액 계산식	60.39 달러 * 1,389.4원 * 175주
총 평가액	14,683,527 원

<실제 자녀 증여 평가액 산정 방법 (저자 예시)>

<자녀 증여 신고 최종 화면(홈택스)>

3. 홈택스 '신고 부속·증빙서류' 제출

기본 신고서 작성 후, 다음의 증빙서류를 스캔 또는 사진 파일 형태로 '①홈택스 - ②세금신고 - ③증여세 신고 - ④신고 부속·증빙서류제출'에 첨부해야 한다.

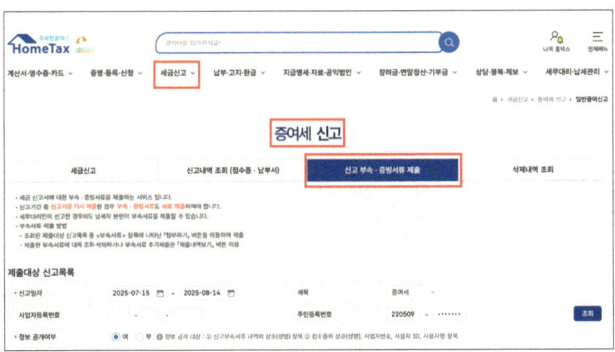

<증여 신고시 서류 제출 (홈택스)>

· **가족관계증명서**: 증여자와 수증자 간의 관계 확인용. (주민등록번호 13자리 모두 표시, 최근 3개월 이내 발급본)

· **증여자 거래내역서**: 주식 출고(증여) 내역이 포함된 거래내역. (증권사 발급)

· **수증자 잔고증명서**: 주식 입고(수증) 후 수증자 계좌의 잔고 증명. (증권사 발급)

· **수증자 거래내역서**: 주식 입고 내역이 포함된 거래내역. (증권사 발급)

· **증여재산 평가액 산출 근거**: 앞서 설명한 8번의 방법을 참고하여 작성한다.

4. 증권사에 필요 서류 제출 (수증자 취득가액 변경 요청)

홈택스 신고까지 마쳤다면, 이제 수증자(증여받는 사람)의 주식 취득가액이 증여 당시의 평가액으로 변경되도록 증권사에 요청해야 한다. 이 절차를 거쳐야만 수증자가 향후 해당 주식을 매도할 때 양도소득세가 정확하게 계산된다.

만약 이 취득가액 변경 절차를 누락한다면 세금폭탄을 맞을 수 있다. 다음과 같은 상황을 가정해 보자.

· 상황) 100만 원에 매수한 주식이 10배 성장해 1,000만 원에 자녀 증여. 자녀는 1,100만 원에 이 주식을 매도했다.

이때 취득가액 변경 절차를 이행했는지에 따라 자녀가 내야 할 세금은 아래 표와 같이 큰 차이를 보인다.

항목	변경시	누락
매도 금액	1,100만원	
취득가액	1,000만 원	100만 원
양도 차익	100만 원	1,000만 원
과세표준 (차익-250만 원)	0원 (기본공제 250만 원)	750만 원 (1,000만 원 - 250만 원)
양도세(22%)	0원	165만 원 (750만 원 * 22%)

<취득가액 변경 여부에 따른 세금 비교>

내가 경험한 바로는, 삼성증권의 경우 주식 증여 시 증권사에 방문하여 별도의 취득가액 변경 요청 절차 없이 수증자의 취득가액이 증여 당시의 평가액으로 변경되어 아주 간편했다.

하지만 KB증권의 경우, 수증자(미성년자일 경우 법정대리인)가 아래의 필요 서류를 지참하여 지점을 방문해야 했다.

- 수증자 신분증
- 매입단가 증빙자료 (증여일 전일 종가, 환율, 증여수량 등이 명시된 자료)
- 증여세 과세표준신고 및 자진납부계산서
  / 증여재산평가명세서 (홈택스에서 조회 : 증여세 신고내역_접수번호 조회)

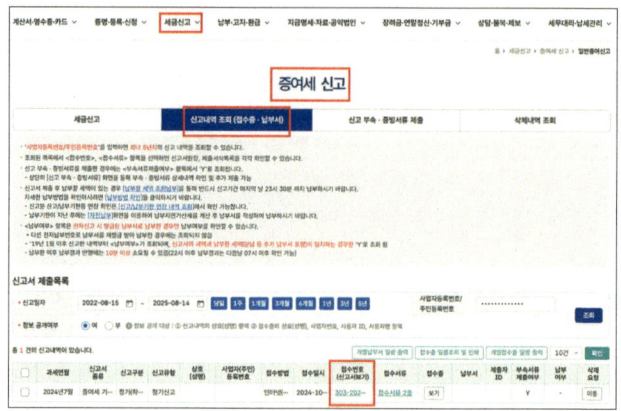

<증여세 과세표준신고 및 자진납부계약서 / 증여재산평가명세서 조회 방법(홈택스)>

※ 수증자가 미성년자일 경우 아래의 추가 서류 필요

· 법정대리인 신분증 (방문하는 부모)
· 가족관계증명서 (주민번호 모두 표시, 3개월 이내 발급분)
· 거래인감 (도장)
· 수증자 기본증명서 (주민번호 모두 표시, 3개월 이내 발급분)

발급받아야 할 서류가 생각보다 많고, 각종 인증서 및 보안 프로그램과 씨름하는데 적지 않은 시간을 쏟아야 했다. 하지만 모든 서류를 꼼꼼히 준비한 결과, 증권사에서는 별다른 추가 질문 없이 순조롭게 취득가액 조정 업무가 처리되었다. 모든 절차를 마치고 증권사 문을 나설 때의 후련함은 이루 말할 수 없었다. 증권사에서 서류 작업이 최종적으로 완료되고 어플 MTS에 변경된 취득가액이 반영되기까지는 약 1~2개월이 소요될 수 있다는 안내를 받았다.

이처럼 다소 번거로운 과정을 거쳐야 하지만, 장기적인 관점에서 주식 증여는 절세 효과와 자녀의 경제 교육이라는 두 마리 토끼를 잡을 수 있는 매우 유용한 방법이다.

| 250만 원 기본공제 활용법

앞서 설명했듯 미국 주식 투자로 발생한 이익에 대해서는 연간 250만 원까지 양도소득세가 면제된다. (250만 원을 초과하는 이익에 대해서는 22%의 양도소득세가 부과된다.) 이 '기본공제' 혜택을 매년 알뜰하게 챙기기 위해, 일각에서는 연말마다 250만 원어치의 수익을 실현(매도)하고, 그 즉시 다시 해당 주식을 매수하는 전략을 사용하기도 한다.

과연 이 방법이 매도와 매수에 따르는 거래 비용과 번거로움을 감수할 만큼의 가치가 있을까? 아니면, 묵묵히 장기 보유하는 것이 더 현명한 선택일까? 두 전략의 장단점을 꼼꼼히 따져보고, 현명한 투자자로서 우리가 나아가야 할 방향에 대한 결론을 내려 본다.

1. 비교: '장기 보유' vs '250만 원 이익 실현 후 재매수'

가. '장기 보유' 전략의 함정: 미래의 세금 폭탄

한번 매수한 우량 주식을 특별한 사유 없이 계속 보유하는 '장기 보유' 전략은 매우 훌륭한 투자법이다. 불필요한 거래 비용이 없고, 투자에 신경 쓸 일이 적어 마음이 편하다는 장점도 분명하다. 하지만 이 전략에는 치명적인 단점이 숨어있다. 바로 매년 소멸하는 250만 원의 비과세 혜택을 전혀 활용하지 못하고, 세금을 미래로 이월시켜 눈덩이처럼 키운다는 점이다.

예를 들어, 20년간 꾸준히 투자하여 5억 원의 양도차익이 발생했다고 가정해 보자. 이 수익을 한 번에 실현할 경우, 기본공제 250만 원을 제외한 4억 9,750만 원에 대해 22%의 세율이 적용되어, 무려 1억 945만 원이라는 엄청난 금액을 세금으로 납부해야 한다. 수십 년간의 투자 수익 중 상당 부분을 한순간에 세금으로 잃게 되는, 그야말로 '세금 폭탄'이다.

나. '250만 원 이익 실현 후 재매수' 전략: 현명한 투자자의 연례행사

반면, 매년 250만 원의 비과세 한도만큼 이익을 실현하고 재매수하는 전략은 미래의 세금 폭탄을 피할 수 있는 매우 현명한 방법이다. 이 전략의 장점은 명확하다.

- **절세 효과 누적**: 매년 250만 원씩, 10년이면 2,500만 원, 20년이면 5,000만 원의 수익에 대한 세금(각각 550만 원, 1,100만 원)을 합법적으로 아낄 수 있다.

- **취득 단가 상승**(세금 이연): 재매수를 통해 높아진 취득 단가는, 미래에 최종적으로 주식을 매도할 때의 세금 부담을 크게 줄여준다. 즉, 매년 세금을 조금씩 '면제'받으며 취득 단가를 높여가는 것이다.

물론 이 전략에도 거래 비용이나 번거로움 같은 단점이 있다. 하지만 이는 충분히 관리 가능한 수준이다.

- **거래 비용**: 대부분의 증권사 온라인 매도 수수료는 0.3%가

량 된다. 250만 원의 비과세 혜택을 받기 위해 한번의 매도수수료는 감수할 만하다.

·**번거로움**: 이는 번거로움이 아니라, 마치 자동차 정기 점검처럼 매년 챙겨야 할 '현명한 투자자의 연례행사'로 받아들여야 한다. 작은 수고로 미래의 큰 세금을 막을 수 있다면, 이는 손해 보는 장사가 아니다.

2. 결론: 매년 250만 원의 혜택을 꼭 챙겨라

나 역시 과거에는 투자의 단순성을 우선하여 '장기 보유' 전략을 선호했다. 하지만 복리 효과만큼이나 '세금 관리'가 장기 수익률에 미치는 영향을 깊이 공부한 후, 이제는 매년 연말 비과세 한도를 챙기는 것을 중요한 투자 원칙으로 삼고 있다. 작은 수고를 통해 미래의 훨씬 더 큰 세금을 줄이는 것이 장기적으로 압도적 이득이라는 계산이 섰기 때문이다.

물론, 가장 중요한 것은 세금을 낼 만큼 충분한 수익을 꾸준히 올리는 것이다. '우량 자산에 장기 투자하여 자산을 불려 나간다'는 투자의 본질을 잊어서는 안 된다.

3. 더 중요한 것 : 세금보다 수익

가장 중요한 것은 투자의 큰 그림, 즉 '우량 자산에 장기 투자하여 자산을 불려 나간다'는 본질을 놓치지 않는 것이다. 세금을 한 푼이라도 아끼는 것도 중요하지만, 그보다 먼저 세금을 낼 만큼 충분한 수익을 꾸준히 올리는 것이 훨씬 더 중요하다.

자신의 투자 철학과 상황에 맞는 전략을 선택하되, 핵심은 언제나 장기적인 자산 증식에 두어야 한다. 세금은 그 과정에서 우리가 고려해야 할 여러 요소 중 하나일 뿐이다.

네이버 카페 리치군인
함께 하는 재테크 스터디

군인과 가족들에게 필요한 지식을 진심으로 나눕니다.
<도서출판 드림벙커>

4장. 더 나누고 싶은 생각들

투자에 대한 여러 생각들

지금까지 우리는 왜 투자를 해야 하는지, 그리고 어떻게 투자의 첫걸음을 내디딜 수 있는지에 대해 알아보았다. 투자를 향한 마음가짐을 다지고, 실제로 계좌를 만들어 첫 주식을 매수하는 실전 준비까지 마쳤다. 투자의 기본 절차는 이미 모두 다룬 것이다.

하지만 투자의 세계를 여행하다 보면, 교과서에는 잘 나오지 않지만 꼭 한번쯤은 마주하게 되는 소소한 궁금증들이 꼬리에 꼬리를 물고 생긴다. 마지막 4장에서는 나의 투자 여정에서 마주했던 질문들과 투자에 대한 나의 생각을 정리했다. 이는 내가 평소 개인적으로 궁금했던 것들이자, 동시에 많은 투자자들이 당연하게 여겨 무심코 지나칠 수 있는 것들에 관한 이야기다.

레버리지 ETF, 정말 위험할까?

앞에서 '변동성'은 위험이 아닌 주식의 고유한 특성임을 이야기했다. 이 변동성을 극대화한 상품이 바로 '레버리지 ETF'다. 많은 사람들이 레버리지 ETF, 특히 3배 레버리지 상품은 '절대 손대지 말아야 할 위험천만한 도박'이라고 말한다. 레버리지 ETF의 위험에 대한 본질과, 특정 조건에서 이를 오히려 강력한 기회로 활용하는 구체적인 방법을 알아보자.

변동성 : 위험인가 기회인가

주식 투자가 위험하다고 하는 가장 큰 이유는 '변동성' 때문이다. 부동산 시장을 생각해 보면, 아파트값이 10%만 빠져도 '폭락'이라며 뉴스에 도배된다. 20%가 빠지면 나라 경제가 망할 것처럼 패닉에 빠진다. 하지만 주식 시장에서 10% 조정은 거의 매년 있는 연례행사고, 20% 수준의 하락장도 평균 5년에 한 번꼴로 찾아온다. 심지어 30% 이상의 폭락도 우리의 투자 인생에서 분명 몇 차례 마주하게 될 것이다.

이러한 주식 시장의 변동성을 인위적으로 2배, 심지어 3배로 확대하는 상품이 있다. 바로 레버리지 ETF다. 대표적인 예가 나스닥 100 지수를 추종하는 QQQ의 일일 등락률을 3배로 따르는 TQQQ다. QQQ가 하루에 10% 오르면 TQQQ는 30% 오르고, 반대로 10% 내리면 TQQQ는 30% 내리는, 그야말로 '화끈한' 상품이다.

만약 변동성 자체가 '위험'이라면, TQQQ는 위험물 중의 위험물일 것이다. 하지만 앞서 말했듯, 변동성은 위험 요소가 아니라 받아들이고 이용해야 할 주식의 상품 특성이다. 그렇다면 이 극단적인 변동성을 가진 TQQQ 역시, 통제하고 감당할 수만 있다면 절대 위험의 대상이 아니다.

나만의 TQQQ 투자 전략: 시간과 믿음

나는 아직 15년 이상 남은 군복무 기간을 통해, TQQQ에 투자하며 시장의 변동성을 온몸으로 맞으며 버티기로 결심했다. 당장 큰돈 들어갈 일이 없고, 10년 이상 시장에 머무를 수 있는 시간적 여유가 있기에 가능한 전략이다. 내 총자산이 어느 날 −80%라는 충격적인 숫자를 기록하는 순간이 오더라도, 나는 겁먹지 않고 정해진 원칙에 따라 계속 주식을 사 모으며 수량을 늘릴 것이다. 언젠가 시장이 고점을 회복했을 때, 그때의 수익률은 상상을 초월할 것이라는 계산과 믿음이 있기 때문이다.

많은 사람들이 3배 레버리지 ETF의 위험성에 관해 이야기한다. 물론 맞는 말이다. 개별 기업이나 특정 테마를 추종하는 3배 레버리지 ETF라면 매우 위험할 수 있다. 해당 기업이 망하거나 테마가 사라지면 보유한 주식이 휴지조각이 될 수 있기 때문이다.

하지만 TQQQ는 다르다. TQQQ는 장기적으로 우상향하는 역사를 가진 나스닥 100 지수를 3배로 추종한다. 나스닥 100 지수 자체가 상장 폐지될 걱정은 없다. 개별 기업과는 근본적으로 다르다. 또한, 나스닥 100 지수는 주기적으로 리밸런싱된다. 실적이 좋지 않거나 미래가 불투명한 기업은 알아서 빠지고, 새롭고 유망한 기업이 편입된다. 즉, 시대의 흐름에 맞춰 스스로 진화하는 종목이다.

물론 나스닥 100 지수도 큰 폭으로 하락할 수 있고, 이때 TQQQ의 하락 폭은 더욱 살벌할 것이다. 하지만 예를 들어 반도체 산업의 3배 레버리지 ETF인 SOXL의 극단적인 변동성

4장. 더 나누고 싶은 생각들

과 비교하면, 다양한 우량 기술주에 분산된 나스닥 100을 추종하는 TQQQ의 움직임은 충분히 평정심을 유지하며 감당할 수 있는 수준이라고 나는 판단했다.

인터넷에서 TQQQ의 위험성을 설명할 때 가장 많이 드는 예시가 '변동성 끌림 Volatility Drag'이라 불리는 '음의 복리 효과'다. 예를 들어 기초 지수 나스닥이 10% 하락한 뒤 10% 상승하면 기초 지수는 1% 손실이다. 이때 TQQQ는 첫날 30% 하락, 다음 날 30% 상승하면 '9%라는 훨씬 큰 손실'을 본다는 것이다.

이것은 수학적으로 맞는 말이다. 하지만 이 예시는 극히 단기적인 특정 상황만을 보여준다. 이 논리는 레버리지 ETF의 비관적인 측면만을 강조하기 위해 장기적인 상승 추세에서의 복리 효과는 간과했다. 나스닥 100 지수가 장기간에 걸쳐 우상향하는 과정에서, TQQQ의 상승폭은 하락장에서의 손실을 압도하고도 남을 만큼 폭발적이다.

TQQQ 투자, 핵심 원칙 세 가지

결국 TQQQ 투자의 핵심은 다음과 같다.

초장기 투자: 최소 10년 이상, 궁극적으로는 AI가 이끄는 4차 산업혁명이 실현되는 순간까지 투자하는 것을 목표로 삼아야 한다. 그 과정에서 마주하는 단기적인 등락은 무시한다.

적립식 투자: 한 번에 큰 자금을 투입하는 거치식 투자가 아닌, 시장 상황과 관계없이 꾸준히 정해진 금액을 사 모으는 적립식 투자가 TQQQ의 높은 변동성을 효과적으로 활용하는 길이다. 주가가 하락하여 모두가 공포에 떨 때조차, 기계적인 적립식 매수는 오히려 싼 값에 더 많은 주식을 담을 기회가 된다.

강력한 믿음: 나는 AI가 가져올 4차 산업혁명을 통해 나스닥 100 기업들의 이익이 지금과는 비교할 수 없을 정도로 큰 폭으로 상승할 것이라 확신한다. TQQQ가 보여주는 극단적인 변동성의 파도를 맨몸으로 견뎌내기 위해서는, 이처럼 미래에 대해 깊고 확고한 믿음이 반드시 전제되어야 한다.

주식 투자는 부동산처럼 '안정성'을 최우선으로 하는 투자가 아니다. 어느 정도의 위험을 감수하고 '큰 수익'을 얻기 위한 투자다. TQQQ는 그 위험과 수익을 모두 극대화한 상품이다. AI 혁명이 걸음마 단계인 현시점에서 철저한 자기 분석을 통해 세운 원칙, 미래를 내다보는 확신, 그리고 시장의 광기(狂

氣)를 견뎌낼 충분한 시간을 가진 투자자에게 TQQQ는 '감당 못 할 위험'이 아니라 '인생을 바꿀 기회'로 다가올 것이다.

| 배당주, 투자해야 할까?

세상에는 수많은 종류의 주식이 있고, 투자자들은 각자의 목표와 성향에 따라 다양한 방식으로 주식들을 분류한다. 대표적으로 기업의 성장 가능성에 초점을 맞추는 '성장주', 현재 가치보다 저평가된 기업을 찾는 '가치주', 그리고 꾸준한 현금 흐름을 제공하는 '배당주' 등으로 나눌 수 있다. 특히 매월 또는 분기마다 현금 배당금을 지급하는 배당주는, 안정적인 현금 흐름을 확보하고자 하는 투자자들에게 꾸준히 인기가 높다.

배당주는 이미 성숙기에 접어들어 안정적인 이익을 내는 기업이 그 이익의 일부를 주주들에게 직접 현금으로 돌려주는 경우가 많다. 코카콜라(KO)나 맥도날드(MCD) 같은 오랜 역사의 소비재 기업, 또는 부동산 임대 수익을 배당으로 지급하는 리얼티인컴(O) 등이 대표적인 예다. 이러한 기업들은 폭발적인 주가 상승을 기대하기보다는, 소소하지만 꾸준한 주가 성장과 함께 안정적인 배당금 지급을 통해 주주들에게 꾸준한 이익을 안겨준다.

반면, 우리가 흔히 아는 알파벳, 마이크로소프트, 엔비디아, 테슬라 등의 성장주는 기업이 벌어들인 이익을 배당으로 지급하기보다는, 더 큰 성장을 위한 연구개발(R&D)이나 사업 확장에 재투자하는 경향이 강하다. 따라서 성장주는 당장의 배당금은 적거나 없을 수 있지만, 미래에 큰 폭의 주가 상승을 기대하게 만든다.

전역이 한참 남았다면 : 성장주에 투자하기

나는 현재 포트폴리오의 대부분을 성장주, 특히 알파벳, 마이크로소프트, 엔비디아, TQQQ와 같은 AI 수혜주에 집중하고 있다. 나의 투자 목표는 당장의 현금 흐름보다는, 장기간에 걸친 자산의 극대화이기 때문이다. 아직 전역까지 10년 이상 남아있기에, 배당금의 재투자보다는 성장주 자체가 가진 폭발적인 잠재 성장을 기대하는 것이 더 유리하다고 판단했다.

전역이 임박해 있다면 : '4%룰' 과 '배당주 투자' 중 선택

전역 후에는 더 이상 매월 지급되던 급여가 들어오지 않는다. 따라서 우리는 전역 전에 모아둔 자산을 바탕으로 안정적인 현금 흐름을 만들어낼 방법을 마련해야 한다. 대표적인 두 가지 전략은 앞서 다룬 '4%룰'을 활용하는 것과, '배당주 중심의 포트폴리오'를 구축하는 것이다.

· **'4%룰' 활용 전략** : 현금관리에 자신있는 사람에게 유용하다. 주식 시장의 장기적인 성장률(연평균 7~10%)이 보유한 자산의 인출률(4%)보다 높다는 가정하에, 이론적으로는 투자 원금을 최대한 유지하면서 생활비를 인출할 수 있다. 포트폴리오 전체의 성장에 집중하므로, 배당주보다 높은 총수익을 기대할 수 있다.

단점 및 유의사항

- 심리적 부담: 시장 하락기에도 원칙대로 4%를 인출해야 하므로, 자산이 줄어드는 것을 직접 보면서 심리적으로 위축될 수 있다.

- 현금 흐름의 불확실성: 배당금처럼 정기적으로 현금이 들어오는 것이 아니라, 필요할 때마다 직접 주식을 매도하여 현금화해야 하는 번거로움과 계획성이 요구된다. 즉,

스스로 현금 흐름을 관리할 자신이 있어야 한다.

· **'배당주 포트폴리오' 구축 전략** : 안정적인 현금 흐름을 원하는 사람에게 유용하다. 매월 또는 분기마다 예측 가능한 배당금이 꾸준히 입금되므로, 마치 급여처럼 안정적인 현금 흐름을 확보할 수 있다. 주식을 직접 팔지 않아도 되니 시장 등락에 대한 스트레스가 상대적으로 적다.

단점 및 유의사항

- 세금 문제: 미국 주식 배당금에 대해서는 현지에서 15%의 세금이 원천 징수되며, 국내에서도 연간 금융소득(이자+배당)이 2천만 원을 초과하면 종합소득세 합산 과세 대상이 될 수 있다.

- 건강보험료 증가: 전역 후 지역가입자로 전환될 경우, 배당소득을 포함한 금융소득은 건강보험료 산정 시 소득으로 잡힌다. 연간 2천만 원 이상의 금융소득이 발생하면 피부양자 자격을 잃고 건강보험료가 인상될 수 있다. 배당주 투자를 고려한다면 반드시 사전에 국민건강보험공단 웹사이트나 앱을 통해 자신의 예상 건강보험료를 시뮬레이션해 보아야 한다.

- 성장성 한계: 일반적으로 배당주는 성장주보다 주가 상승률이 낮을 수 있어, 총자산 증식 속도가 더딜 수 있다.

어떤 선택이 최선일까?

나의 답은 '4%룰' 활용전략이다. 전역 후 매달 월급처럼 현금이 꽂히는 배당주 투자는 분명 매력적이다. 주식을 팔지 않아도 돈이 나온다는 사실은 엄청난 심리적 안정감을 주기 때문이다. 하지만 여기에는 우리가 경계해야 할 '기회비용'이라는 함정이 있다. 안정적인 배당에만 집중하면 우리는 알파벳, 엔비디아와 같은 위대한 성장 기업들에 투자할 기회를 스스로 포기하게 된다. 이는 우리의 최종 자산 크기를 제한하는 거대한 족쇄가 될 수 있다.

자산 관리의 유연성과 총수익의 극대화라는 두 마리 토끼를 모두 잡을 수 있는 '4%룰'이 더 현명하고 강력한 전략이라고 확신한다. 투자의 본질은 배당금이 아니라 '총수익률(주가상승률 + 배당수익률)'을 극대화하는 것이다. '4%룰'은 내가 투자한 최고의 기업들이 계속해서 빠르게 성장하도록 포트폴리오를 그대로 유지한 채, 그 성장의 과실 중 극히 일부만을 수

확하여 생활비로 사용하는 방식이다. 내 포트폴리오가 연평균 10% 성장할 때 4%를 빼서 써도, 내 자산은 여전히 6%씩 성장한다. 이는 마치 잘 자라는 과수원의 가장 잘 익은 열매를 몇 개만 따서 먹고, 나무(투자 원금)는 계속해서 더 크고 튼튼하게 자라도록 두는 것과 같다.

물론 이 선택은 궁극적으로 개인의 판단에 달려있다. 하지만 이 책에서 제시한 성장주 중심의 장기 투자 전략에 공감한다면, 그 논리적 귀결은 배당주 포트폴리오로의 소극적인 전환이 아닌, '4%룰'을 통한 적극적이고 현명한 자산 인출이어야 할 것이다. 그것이야말로 우리가 쌓아 올린 자산의 복리 효과를 최대한으로 누리는 길이다.

| 전쟁 발발 시 내 미국 주식 계좌는 어떻게 될까?

현역 군인으로서 국가 방위의 최일선에 있다 보니, 우리나라는 여전히 전쟁의 위협에서 벗어나지 않은 휴전 국가임을 자주 실감하게 된다. 북한의 도발이나 주변 강대국들과의 긴장 관계가 고조되는 상황을 마주할 때마다, 현역 군인이자 투자자로서 만약 한반도에 전쟁이 발발한다면 내가 투자한 미국 주식 계좌는 어떻게 될지 궁금했다. 비슷한 의문을 안고 있을 독자들을 위해 내가 조사하고 고민한 내용을 공유한다.

국내외 주식 시장의 일시적 마비 가능성

한반도에 전면전과 같은 극단적인 위기 상황이 발생한다면 가장 먼저 예상할 수 있는 것은 금융 시장의 일시적 또는 장기간 운영 중단이다. 한국거래소(KRX)는 주식, 채권, 파생상품 등 모든 거래를 즉시 중단하고 시장을 폐쇄할 가능성이 매우 높다. 이는 투자자 보호와 시장 안정화를 위해 불가피한 조치다.

유사 사례로 우크라이나·러시아 전쟁을 들 수 있다. 전쟁

발발 직후 거래가 중단되었다가 러시아 증권 시장은 약 1개월 만에, 우크라이나 증권 시장은 약 5~6개월 만에 일부 정상화되는 과정을 거쳤다. 한반도의 상황은 이보다 더 복잡할 수 있지만, 핵심은 상당 기간 국내 시장에서의 주식 거래는 불가능할 수 있다는 점이다. 미국 시장 자체는 정상적으로 운영되겠지만, 국내 투자자가 국내 증권사를 통해 미국 주식을 거래하는 것은 일시적으로 제한될 것이라 예상해야 한다.

내 미국 주식, 안전하게 보관될까? (소유권의 문제)

많은 투자자가 오해하는 부분 중 하나가 미국 주식의 소유권 기록 방식이다. 우리가 국내 증권사를 통해 미국 주식(예: 엔비디아)을 매수하면, 해당 주식의 주주 명부에 내 이름이 직접 올라가는 것이 아니다.

- **실질 주주와 명의상 주주**: 우리는 해당 주식에 대한 모든 경제적 권리(매매 차익, 배당 등)를 가지는 '실질 주주 Beneficial Owner'가 된다. 하지만 주주 명부상에는 우리가 거래하는 국내 증권사의 이름이 '명의상 주주 Registered Owner'로 등재되는 것이 일반적이다. 이를 '예탁결제제도'라 한다. 이러한 구조 때문에 주주총회 시

의결권 행사도 증권사를 통해 간접적으로 이루어진다.

· **거래 기록의 보관**: 나의 모든 거래 기록과 주식 보유 현황은 일차적으로 내가 이용하는 국내 증권사의 전산 시스템에 안전하게 보관된다. 그렇다면 전쟁으로 인해 국내 증권사의 전산 서버가 파괴되면 내 주식 소유권 기록도 사라지는 걸까? 결론부터 말하자면, 그럴 위험은 극히 낮다.

- 분산 백업 시스템: 현대 금융기관은 천재지변이나 전쟁과 같은 최악의 상황에 대비하기 위해 매우 정교한 데이터 백업 및 복구 시스템을 갖추고 있다. 거래 기록은 단순히 한 곳에만 저장되지 않고, 국내 여러 지역의 데이터 센터에 분산 보관되며 주기적으로 백업된다.

- 한국예탁결제원(KSD)의 역할: 투자자의 모든 주식은 최종적으로 한국예탁결제원에 투자자 명의로 예탁되어 관리되므로 개별 증권사에 문제가 생기더라도 예탁결제원을 통해 권리관계를 확인할 수 있다.

- 해외 보관기관과의 연계: 미국 주식의 경우 국내 증권사가 다시 해외 보관기관에 위탁 보관하는 구조이므로

국내의 물리적 피해가 해외에 보관된 주식의 소유권 자체를 소멸시키지는 않는다.

즉, 전쟁으로 인해 일시적인 거래 중단이나 금융 시스템 마비는 올 수 있지만, 주식에 대한 나의 법적 소유권이 기록 소실로 인해 사라질 위험은 매우 희박하다.

전시 상황, 진정한 가치 저장 수단은?

전쟁과 같은 극단적인 상황에서는 주식의 '거래 가능성'과 '환금성'이 일시적으로 크게 저하될 수 있다. 이런 천재지변에 대비해 전통적으로 가치를 보존하는 수단으로 여겨지는 자산들이 있다.

· **금** Gold: 수천 년간 검증된 안전자산이지만, 실물 보관의 어려움과 이동성의 문제가 있다.

· **미국 달러**: 기축통화로서 위기 시 가치가 상승하는 경향이 있으나, 이 역시 실물 보관 및 거액 이동의 문제가 있다.

· **암호화폐**: 최근 새로운 가치 저장 수단으로 주목받고 있다. 정부나 중앙은행의 통제에서 벗어나 있고, 보관이 편리하다는

장점이 있다. 하지만 극심한 가격 변동성, 해킹 및 분실의 위험 등 치명적인 단점도 공존한다.

어떤 자산도 완벽한 피난처가 될 수 없다. 현물은 보관과 이동이, 암호화폐는 인프라와 변동성이 문제다. 따라서 위기 상황을 대비한 자산 배분은 각 자산의 장단점을 명확히 이해하고, 자신의 상황과 위험 감수 능력에 맞춰 신중하게 결정해야 한다. 비트코인이 현명한 대비책이 될 수도 있지만, 그것이 유일하거나 가장 안전한 방법이라고 단정하기는 어렵다.

결론: 흔들리지 않는 믿음과 분산된 대비

한반도에 전쟁이 발발하더라도, 국내 증권사를 통해 투자한 나의 미국 주식 소유권 기록이 소멸할 가능성은 매우 낮다. 하지만 일시적인 거래 중단과 금융 시스템 혼란은 충분히 예상할 수 있다. 궁극적으로, 전쟁이라는 최악의 시나리오에 대비하는 가장 좋은 방법은 우량 자산에 대한 장기적인 믿음을 유지하는 것과 동시에, 다양한 형태의 자산으로 위험을 분산하는 지혜일 것이다. 투자의 세계에서 100% 안전은 없지만, 철저한 준비와 이해는 우리가 어떤 위기 상황에서도 현명한 결정을 내릴 수 있도록 도와줄 것이다.

| 주식 투자 복리의 마법

투자 공부를 하며 주식 투자는 복리효과로 인해 시간이 갈수록 자산의 규모가 기하급수적으로 늘어난다는 애기를 많이 들었다. 하지만 주식 투자의 복리가 어떠한 원리로 작동하는지에 대해 친절하게 설명한 책은 찾기 힘들었다.

'복리의 마법'은 장기 주식 투자에서 가장 강력한 무기 중 하나다. 투자의 살아있는 전설 워런 버핏이 "내 재산의 대부분은 복리 덕분이다"라고 말했을 정도로, 그 효과는 시간이 지날수록 상상을 초월할 만큼 커진다.

많은 사람들이 복리를 단순히 '예금 이자에 이자가 붙는 것' 정도로 생각한다. 하지만 주식 투자의 복리 효과는 그보다 훨씬 더 역동적이고 강력하다. 그것은 바로 '시세 차익'과 '배당금 재투자'라는 두 개의 강력한 엔진이 있기 때문이다.

시세 차익의 복리: 불어난 돈이 더 큰 돈을 부른다

주식에서 복리 효과의 가장 기본적인 원천은 주가 상승으로 인한 시세 차익이다. 이는 매우 단순하지만 강력한 원리다.

예를 들어, 100만 원을 투자한 주식이 10% 상승하면 내 자산의 평가금액은 110만 원이 된다. 중요한 것은 그다음이다. 다시 10%가 상승하면, 그 수익은 최초 원금 100만 원이 아닌, 불어난 110만 원을 기준으로 계산된다. 즉, 11만 원의 수익이 발생하여 총자산은 121만 원이 되는 것이다.

이처럼 늘어난 평가금액이 새로운 원금이 되어 더 큰 수익을 만들어내는 구조, 이것이 바로 주식 시세 차익이 가진 복리의 힘이다. 단기적으로는 그 차이가 미미해 보일 수 있지만, 투자 기간이 10년, 20년으로 길어질수록 그 격차는 걷잡을 수 없는 눈덩이처럼 불어난다. 20년이 지나면 연 10%의 복리로 투자한 100만 원은 약 673만 원이 되지만, 단리로는 300만 원에 그친다. 초기에는 미미했던 격차가 20년의 시간을 거쳐 2배가 넘는 차이로 벌어지는 것이다. 이것이 우리가 하루라도 빨리 투자를 시작해야 하는 이유다.

배당금 재투자: 복리 효과를 극대화하는 '진짜 마법'

주식 투자의 복리 효과를 한 단계 더 강력하게 만들어, 평범한 눈덩이를 산사태 수준으로 키우는 것이 바로 배당금 재투자다. 내가 투자하고 있는 기술주 중에서도 배당주가 아님에도 배당금을 적게나마 지급하는 기업이 많다. 알파벳, 마이크로소프트, 엔비디아 모두 분기마다 배당금을 지급 중이다.

이 배당금을 생활비로 쓰거나 다른 곳에 사용하지 않고, 다시 그 주식을 매수하는 데 사용하는 것이 바로 배당금 재투자다. 이 간단한 행위는 두 가지 측면에서 복리의 엔진에 강력한 부스터를 달아준다.

받은 배당금으로 주식을 추가 매수하면, 내가 직접 돈을 더 넣지 않아도 보유 주식 수가 늘어난다. 그리고 다음 배당금은 늘어난 주식 수를 기준으로 지급되므로, 내가 받는 배당금의 총액 또한 계속해서 증가한다.

주식 장기 투자에서 '복리의 마법'은 단순히 시간이 해결해 주는, 입만 벌리고 있으면 저절로 떨어지는 열매가 아니다. 장기보유를 통한 꾸준한 주가 상승에서 오는 시세 차익과 배당금을 재투자해 주식 수를 늘려나가는 적극적인 행위를 통해 복리의 마법은 비로소 완성된다. 장기적인 안목을 가지고 우량한 기업에 투자하며, 그 기업이 주는 과실(배당금)을 다시 땅에 심는 지혜. 이것이 복리의 마법을 현실로 만드는 길이다.

네이버 카페 리치군인
함께 하는 재테크 스터디

군인과 가족들에게 필요한 지식을 진심으로 나눕니다.
<도서출판 드림벙커>

에필로그

모든 군인의 경제적 안정을 꿈꾸며

이 책을 쓰게 된 이유는 단순했다. 군인은 투자하기 정말 좋은 직업이지만, 정작 많은 동료들이 그 사실을 온전히 활용하지 못하는 것이 늘 안타까웠기 때문이다. 그들에게 조금이라도 도움이 되고 싶다는 마음 하나로, 아직은 부족한 나의 경험과 지식을 이 책에 담아 세상에 내놓게 되었다. 이 책을 통해 단 한 명의 독자라도 긍정적인 변화를 경험한다면, 저자로서 그보다 더 큰 기쁨은 없을 것이다.

이 책을 쓰는 과정은 독자들을 위한 것이기도 했지만, 동시에 나 자신을 위한 복기(復棋)의 시간이기도 했다. 평소 어렴풋이 알고 있던 개념들을 다시 돌아보고, 나의 투자 원칙을 더욱 단단하게 정립할 수 있는 소중한 기회가 되었다.

돈에 관해 공부하고 조금씩 성과를 내기 시작하면서 나는 내 삶에 '선택지'가 늘어나는 경험을 했다. 언젠가는 은퇴 시기를 정한다든가, 전역 후 가족들과 살고 싶은 나라를 정하는 등 온전히 나와, 가족을 위한 선택만을 하며 살 수 있을 것이다.

자유를 향한 여정에 당신도 동참하기를 바라는 마음으로 나는 당신에게 가장 중요한 행동 원칙 하나를 마지막으로 제안하고 싶다. 바로 '이미 꿈을 이룬 것처럼 행동하라'는 것이다. 간절히 바라는 미래가 있다면, 마치 그것을 이미 손에 넣은 사람처럼 생각하고, 계획하고, 행동하라. '나는 1,500억을 보유한 자산가다'라고 매일 되뇌고, 그 믿음에 걸맞은 선택과 실천을 이어가라. 이것은 단순한 자기기만이 아니라, 목표를 향한 가장 강력한 자기 암시이자 실천적인 동기 부여다. 이 책이 당신의 그 여정의 첫걸음을 떼는 데 필요한 지도이자, 때로는 길을 잃지 않도록 돕는 나침반이 되길 희망한다.

나의 이름으로 된 책 한 권이 세상에 나오기까지, 훌륭한 멘토 리치비님과, 늘 진취적인 영감을 주는 '부키(Bookey)' 모임 동료들의 도움이 없었다면 불가능했을 것이다. 이 자리를 빌려 깊은 감사를 전한다.

무엇보다 나를 변화시킨 것은 나의 사랑하는 아내와 아이들이었다. 이 모든 여정은 가족을 위한 마음에서 시작되었기에, 이 책을 나의 소중한 가족 지영, 조이, 태이에게 바친다. 또한, 늘 나와 돈 이야기를 나눠주는 내 사관학교 동기이자 친구 김병혁 소령과, 초보 군인 투자자를 위한 책 집필의 필요성을 알려준 박재민 소령, 그리고 2020년 투자의 첫 순간을 함께했던 박재영 소령에게도 고마움을 전한다.

나의 첫 책을 마무리하는 시점의 금융자산은 5억 원을 조금 넘는다. 아직은 작은 성취에 불과하지만, 나는 천천히 그리고 확실하게 부자가 되는 방법을 찾았다고 확신한다. 나의 다음 책은 금융자산 50억 원을 달성한 시점에, 나의 길이 틀리지 않았음을 증명하는 그간의 여정을 담아낼 것이다. 이 책의 마지막 장을 덮는 당신에게, 그리고 미래의 나 자신에게 그 약속을 남긴다.

나의 부족하고 보잘것없는 이야기에 공감하며 마지막 장까지 함께해 준 독자 여러분께 진심으로 감사드린다. 당신의 성공적인 투자 여정과, 그 너머에 펼쳐질 빛나는 미래를 응원한다.